Jacques Lanzmann

LE FILS DE L'HIMALAYA

Éditions Ramsay

Quand il ne reste qu'un seul grain de riz,
il n'est plus à personne,
il est à tout le monde...

PROVERBE SHERPA

À mes six enfants,
Mitia, Chine, Emmanuel
David, Nathan, Alma

CHAPITRE I

Soudain, la nouvelle

La sonnerie du téléphone m'avait réveillé. Maintenant, j'étais complètement abasourdi. J'avais laissé parler le guide sans l'interrompre. Il était si fier de son coup, si content de m'apprendre que j'étais père d'un petit Sherpa que je n'avais pas osé le décevoir...

La nouvelle était surprenante. Un guide de haute montagne, que je ne connaissais pas, mais qui se montrait excessivement familier, m'apprenait que j'avais un fils au Népal.

Âgé de dix ans, le gosse me ressemblait. Il avait les cheveux roux, un nez assez fort, des taches de rousseur.

Au téléphone, le guide était catégorique. Il revenait du pays Sherpa, où il prétendait avoir fait un trek avec moi en 1985 : « Te souviens-tu, me disait-il, tu souffrais de ta cheville gauche et nous t'avons laissé à Namché Bazar, sous la garde d'une petite sherpani ? Tu y es resté une quinzaine de jours, le temps de soigner ton entorse. À notre retour, tu allais beaucoup mieux, et tu nous as fait comprendre que tu avais poussé vos relations assez loin. Je te l'accorde, la fille était plutôt mignonne ! »

J'avais laissé parler le guide sans l'interrompre. Il était si fier de son coup, si content de m'apprendre que j'étais père d'un petit Sherpa que je n'avais pas osé le décevoir. Comment lui expliquer, comme cela, aussi abruptement, qu'il se trompait de bonhomme ? La mort de Jean lui avait échappé, et je ne me sentais pas assez costaud, ce matin-là, pour revenir une fois de plus sur la disparition de mon frère. Tout cela était trop récent, trop douloureux.

J'avais entretenu la confusion à dessein, jusqu'à plaisanter, en lui disant que je n'étais pas à un môme près. Le guide m'avait cru. Il me savait porté sur les femmes, autant que sur les voyages. Pour finir, il m'avait même conseillé de ne pas bouger : « Ne t'en fais pas, il est heureux, il ne manque de rien. Si ça t'intéresse, je t'envoie une photo. Tu verras, il est avec sa mère. Tu la reconnaîtras sûrement ! »

Je l'avais remercié pour ce coup de fil passé de Chamonix. Pour cette photo qu'il avait prise lui-même. Remercié de l'attention, l'assurant peu avant de raccrocher combien j'étais fou de joie de me retrouver, du jour au lendemain, le cher papa d'un petit Sherpa.

La formule ne sonnait pas très bien. En vérité, je n'avais aucune envie de plaisanter, aucune disposition pour les jeux de mots. L'humour, les bons mots, les formules choc, c'était le domaine de Jean. Il en avait fait une affaire, son métier.

Ce matin-là, par mimétisme, j'avais peut-être imité mon frère. Une manière, en somme, de le ressusciter.

Jean n'était mort que depuis trois semaines. J'étais allé reconnaître son corps à la morgue du Caire, où il gisait parmi une vingtaine d'autres cadavres vaguement reconstitués. Tous étaient défigurés, éclatés, déchirés. Reconnaître quelqu'un dans cet état était un vrai casse-cœur. Les familles se pressaient d'un suaire à l'autre. Elles hésitaient, touchaient, comparaient. Personne n'était sûr de rien, mais il suffisait parfois d'un rien, d'une bague, d'une gourmette, d'un fragment de vêtement, d'un bout de papier pour identifier la victime. J'avais reconnu Jean assez facilement. C'était le plus jeune. Il avait été fauché à l'intérieur de l'hôtel, tandis que les autres, mitraillés à bout portant, s'étaient affaissés sur le trottoir. D'autres encore avaient été tués assis dans leur car, et hachés menus par des grenades. Je ne savais pas, alors, ce que mon frère faisait au Caire, ni pourquoi il était descendu dans cet hôtel fréquenté par des touristes israéliens. Jean préparait-il une marche dans le Sinaï ? Une randonnée le long de la vallée du Nil ? Ourdissait-il un mauvais coup ? Le vol d'une momie ? Le transport d'une barque funéraire ? La fouille d'une maison d'éternité ?

Jean n'avertissait pas ses amis, ne les entretenait pas de ses projets. La plupart du temps, il partait sans prévenir, comme pour mieux voler ce temps. Jean était imprévisible. Je crois même qu'il aimait se surprendre. Un jour, il était sur un scénario, une chanson. Un autre jour, il était sur un sentier. Un jour, il était en tournage avec un metteur en scène, en studio avec un interprète, en ménage avec une nouvelle fille. Un autre jour, il arpentait un désert du bout du monde, une montagne en Himalaya, une steppe d'Asie centrale. Un jour, il était chez lui en Normandie, dans une grange bordélique qui lui servait de camp de base comme de camp de baise. Un autre jour, il filait le parfait amour dans un palace du Rajasthan ou de Bali. L'amour filait d'ailleurs aussi vite que les filles, aussi vite que ses pas. Il était comme cela, mon frère, tantôt saisi, tantôt insaisissable. Tantôt dans la vie réelle, tantôt dans la vie rêvée. Il dépensait sans compter et, quand l'argent venait à manquer, alors il comptait sur sa bonne fortune. Quand la chance ne grimaçait pas, elle lui souriait. C'était tout l'un, ou tout l'autre. Ou bien il n'avait plus rien, ou bien il avait tout ! C'était un type puissant, robuste, rompu à la misère comme à la richesse. Il était à l'aise avec tout le monde, mais fâché avec le monde. Toujours mieux ailleurs qu'ici. Toujours pour le plus faible contre le plus fort. Toujours contre les institutions, et pour les révolutions.

Depuis qu'il n'est plus, j'en viens à penser que je suis passé à côté de mon frère sans le voir. Peut-être est-il parti trop jeune ? Il n'avait pas encore trente-sept ans. C'était mon aîné, pas mon modèle. Peut-être le voyais-je trop bien, ou du moins juste assez pour ne pas lui ressembler ? Il avait vécu sans contraintes, ce qui n'excluait sans doute pas la crainte.

Moi, au contraire, je me suis fabriqué une existence tirée au cordeau. À trente-deux ans, j'enseigne les maths dans un établissement de la grande banlieue. C'est un endroit chaud, où la violence se dispense en vase clos. Tout le monde cogne sur tout le monde. Tout le monde a mal à la peau de l'autre. Tous, sauf quelques-uns de mes élèves qui veulent s'en sortir. Jean me disait que j'étais leur prisonnier. Il avait raison. Mais suffit-il d'avoir raison ? Ne doit-on pas proposer d'autres solutions ? Jean avait le jugement sûr, la critique facile, mais plutôt que de regarder les choses en face, il préférait les esquiver et s'enfuir. Aussi était-il toujours ailleurs, de passage, soucieux seulement de sa personne. Il était préoccupé de son corps, de ses muscles, à l'affût des moindres bobos qui auraient pu le diminuer ou contrarier sa marche.

Le guide me l'avait appris. Jean s'était foulé une cheville peu avant d'arriver à Namché Bazar. On avait dû l'équiper d'une attelle gonflable, et le soutenir durant plusieurs heures. Incapable de mettre un pied devant l'autre, il s'était emporté contre lui-même. Les colères de Jean étaient phénoménales. Symphonies d'injures et de plaintes, elles duraient parfois des heures, alternant les crescendo et les moderato pour cesser brusquement au grand soulagement des amis et des oiseaux mélomanes. J'imagine ce que fut cette symphonie déconcertante de Namché. Les cris, les jurons, les emportements devaient réduire à néant les cuivres et les trompes des lamas souffleurs. Plus tard, bien sûr, Jean essaya d'autres mélodies plus caressantes à l'oreille, plus propices à conjuguer avec les « *Om Mani Padme Hum* » qui s'échappaient des monastères. La fille, paraît-il, était jolie. La photo ne me dira pas grand-chose. En onze ans, le visage se burine, les rides creusent le front, les charges tassent le dos. Onze ans en Himalaya, c'est comme vingt ans chez nous. Il y a des équivalences entre les peuples des climats excessifs et les peuples des régions tempérées, comme il y a une équivalence entre l'âge d'un chien et celui d'un homme. Généralement, on multiplie par sept. J'exagère peut-être. En réalité, je n'ai pas encore dépassé les frontières de l'Europe. Une façon, je crois, de passer pour original auprès d'un frère que je ne pouvais égaler.

Pour ce qui est des femmes, Jean me battait également, et de très loin. C'était un boulimique du sexe opposé, un explorateur inlassable des gourmandises de l'amour. Il s'emballait sur un regard, une silhouette. Le geste, la grâce, suffisaient à l'enflammer. Et quand l'esprit s'ajoutait au charme et à la beauté, alors nous le perdions pour longtemps. Jean vivait sa passion caché, jusqu'à l'éteindre en soufflant les derniers feux. Il aimait comme il marchait, sans regarder devant lui, ne se retournant que pour entraîner l'autre, qu'il savait pourtant épuisée. En fin de compte, il l'abandonnait.

Moi, à trente-deux ans, je peux encore compter sur les doigts d'une main les femmes qui m'ont marqué. En y mettant les deux mains, il y aurait aussi les autres, celles pour qui je n'ai pas compté. Hier, j'étais encore sous le choc de mon récent divorce. Aujourd'hui, la mort de Jean m'est si douloureuse qu'elle balaie les blessures de l'amour-propre. En regard du vrai deuil, celui du divorce me paraît supportable. Divorcer, ce n'est pas s'arrêter en chemin, ni tomber sous des balles, c'est prendre une route et tomber, qui sait, dans d'autres bras. Tous ne feignent pas de se refermer. On est responsable de sa vie, pas de sa mort. La vie se façonne au jour le jour. On lui apporte l'humeur, la couleur. Tantôt on la fait rose ou grise. Tantôt on s'y grise, ou on s'y noie. Tantôt on la fait grimper au plus haut. Tantôt on la fait descendre au plus bas. Disons que la vie est une affaire de moral. Tant que nous avons le moral, nous avons la vie. Le contraire n'est pas vrai. Quelle vie avons-nous quand le moral n'y est pas ? L'ennui, c'est qu'il n'y a pas de recette du moral comme il y a des recettes de cuisine. La seule, peut-être, c'est de lutter contre l'ennui. Le moral ne se réchauffe ni au four, ni au bain-marie. À la limite, on peut le soigner aux petits oignons, en lui donnant des raisons d'espérer : un bon boulot, le coup de foudre, le gros lot ?

Moi, depuis la mort de Jean, j'avais le moral à zéro. L'expression, comme toutes les expressions populaires, venait de loin, du plus profond de moi-même. Elle m'éclaboussait de vérité. Le pire, ce n'est pas d'avoir le moral à zéro, mais bien de l'avoir en dessous de zéro. J'en étais d'ailleurs à ce point, incapable de trouver le sommeil tellement il se cachait au milieu des moutons. Tout y passait, tout était ressassé : la fin brutale de Jean, l'horreur, la sauvagerie. Ma séparation, mon divorce, les disputes, les mesquineries, l'orgueil, la rancune. Et puis, cet isolement soudain, ce goût de plus rien, jusqu'à lâcher mes cours et mes élèves.

Je m'étais endormi au petit matin, entre chien et loup, entre désespoir et épuisement pour réussir à gagner enfin un petit coin de cauchemar et de morgue.

Je me voyais, sur une table de marbre, enveloppé d'un linge pas très net, quand la sonnerie du téléphone m'avait fait bondir. Dans mon rêve, j'avais décroché machinalement pour ne pas rater les explications du médecin légiste.

Au bout du fil, une voix inconnue mais familière. Celle du guide :

– Sacré Jean ! Je te réveille, hein ? Toujours à traîner dans un plumard ! Toujours à faire la fête !

Pour un réveil, il était surprenant. Pour une nouvelle, elle était de taille ! J'avais flotté un moment sans rien y comprendre, et puis tout à coup, j'avais réalisé que Jean n'était peut-être pas mort. On lui parlait. On le flattait. On lui apprenait, comme cela, au saut du lit, qu'il avait un enfant en pays Sherpa.

Le petit s'appelait Hima. Il avait dix ans, des cheveux rouges, et des taches de rousseur.

Le guide n'en saura jamais rien, pourtant, en quelques phrases, de sa voix un peu traînante, il m'avait fabriqué un moral tout neuf. La recette, il est vrai, n'était pas banale. Il y avait tout ce qu'il fallait pour enflammer l'imagination. Tout ce qu'il fallait pour me bousculer. Tout y était : le mystère, l'inconnu, les épices de la vie. L'histoire était forte, la révélation saisissante ! En un rien de temps, le guide de Chamonix avait secoué le semblant de cadavre que j'étais.

Il ne me restait plus qu'à prendre le chemin de Katmandou. Le fils de mon frère ne pouvait être qu'un Petit Prince...

CHAPITRE II

Jean

Nous avions la même façon de sourire, mais on ne souriait pas des mêmes choses. La même façon de poser notre regard sur les choses et les gens, sans pour autant apprécier les mêmes gens ni ressentir les mêmes choses...

Combien de fois ne m'étais-je pas dit : « Arrête, Alexandre, tu es complètement fou ! Mais que vas-tu chercher ? Marcher n'est pas ton truc ! Lâche un peu ton frère ! »

Je me suis obstinément accroché aux pas de Jean. Il avait parcouru ce sentier himalayen bien avant moi, et salué d'un joyeux « *Namasté* » les porteurs harassés que je croisais ou que je dépassais. Certains d'entre eux, au repos, la hotte appuyée contre un mur taillé dans le roc, me regardaient avec pitié. Pour un peu, ils m'auraient ramassé et flanqué sur leur dos. Le comble, c'est que je les enviais. Le temps d'une respiration, ils repartaient de plus belle, pieds nus dans la gadoue. Moi, je glissais tant et plus. Eux, ils couraient, pliés en deux, comme pour en finir au plus vite. En réalité, ils étaient poussés par leur charge, obligés de suivre le mouvement pour éviter de se retrouver complètement déséquilibrés. Jean avait écrit une jolie chose sur les porteurs : « Chez nous, on les appelait des hommes de peine. Au Népal, ce sont des hommes de chagrin. Ils pleurent par tous les pores de la peau. Sous leurs pieds, elle est cuir tanné comme vieille reliure. Peau de chagrin, nourrie de quelques grains. Peau de balle, pour trois fois rien. Les ânes sont mieux traités. Eux au moins sont bâtés ! »

Sans doute manque-t-il un vers ou deux, car je cite de mémoire. En altitude, le cerveau n'est plus convenablement irrigué. Le cerveau, c'est comme les rizières, comme les potagers. Il lui faut des pluies battantes, des poussées de liquide, de l'air, du sang, du fumier. Et un coup de bêche de temps à autre pour l'aider à s'épanouir. Le mien, en coups de bêche, il avait été servi. Non content de m'offrir un neveu au Népal, Jean avait eu la riche idée de coucher ses dernières volontés sur le papier. Il me léguait ses écrits et son camp de base normand. En échange, je devais disperser ses cendres au Tibet. Certes, il n'y avait rien d'urgent. Aucune obligation, aucune date précise.

J'avais appelé ma mère du Caire, où j'étais descendu dans le même hôtel que Jean. C'était encore la panique, le grand nettoyage, mais l'établissement n'avait pas jugé utile de fermer. Une manière, certainement, de ne pas céder au terrorisme.

Ma mère était défaite, mais elle n'avait rien perdu de son sens pratique. En toute circonstance, celui-ci reprenait le dessus et traitait au mieux l'événement.

D'une voix assez ferme, elle m'avait ordonné de faire incinérer mon frère sur place et de lui rapporter l'urne funéraire. Nous savions tous les deux que Jean le souhaitait pour en avoir discuté avec lui. Mais, franchement, je ne la pensais pas assez courageuse pour prendre une décision aussi radicale. Il y a des choses que l'on dit, comme cela, à propos de sa mort, sans y croire tout à fait. Lorsqu'on la sait éloignée, et que rien ne semble vous en rapprocher, la mort prête bien souvent à la forfanterie. Il est facile de dire qu'on ne la craint pas, que nous l'avons apprivoisée, que l'on s'en est fait une amie, une compagne. Facile de préférer la crémation au tombeau. Plus romantique d'imaginer ses cendres dispersées, d'un geste auguste, sur le Toit du Monde. Certes, tout cela relevait bien de la volonté de Jean. Il n'empêche que notre mère n'était pas obligée de la respecter à la lettre.

À mon retour du Caire, j'étais allé déposer l'urne chez elle. Scrupuleuse, elle avait examiné le récipient en terre cuite fermée d'un large et épais cachet de cire. L'urne ressemblait à un vase de la Haute Époque sorti tout droit des fouilles de Saqqara. Au bout d'un moment, elle avait dit :

– Je n'arrive pas à croire que ton frère est tout entier là-dedans. Dis, tu es sûr que c'est bien lui ?

Comme je me taisais, elle avait ajouté :

– Et comment fait-on pour le sortir de là ?

Excédé par ses remarques, j'avais lancé :

– Eh bien, on casse, maman. On casse et on répand. Le vent fait le reste.

Incorrigible, elle avait répliqué :

– Et que fait-on s'il n'y a pas de vent ?

– Eh bien, on souffle dessus, et on disperse.

Elle voulait absolument avoir le dernier mot :

– Et où disperses-tu ? Qui choisit le site ? Qui récite les prières ?

J'avais dû me dominer pour ne pas exploser :

– Écoute, maman, si tu veux bien, on en reparlera plus tard. Je ne sais pas qui ira au Tibet, ni même si on s'y rendra un jour. Nous verrons tout cela en temps voulu. Pour l'instant, tu gardes les cendres de ton fils aîné sur la cheminée ou dans ton coffre, et tu cesses de faire des histoires.

En sortant de chez elle, je ne savais pas que j'y reviendrais aussi rapidement. Non, je ne savais même pas que Népal et Tibet avaient une frontière commune. J'étais loin, mais alors très très loin de ce pays Sherpa que j'abordais aujourd'hui. Encore plus loin de la passe de Nangpalà qui conduit à Tingri par Namché Bazar et Thami.

Étrange chose que les bizarreries de la vie. Elles vous jettent, sans crier gare, du jour au lendemain, sur des chemins de purgatoire et de piété. Tout cela, à cause d'une boucherie en Égypte et d'un coup de fil en provenance de Chamonix.

Maintenant, avec mon frère dans le sac à dos, j'allais à la recherche de son fils. Pour un coup double, celui-là était généreusement servi.

À Roissy, je dus batailler dur avec la Sécurité :

– Que transportez-vous là-dedans ?

– Des cendres.

– Ah oui, des cendres ? Celles de votre frère dites-vous ? Eh bien, prouvez-le ! »

Ils faillirent casser l'urne pour voir à quoi ressemblait mon frère. Peut-être s'était-il transformé en cocaïne ? En sucre brun ? Finalement, ils firent venir les chiens. Deux molosses, qui se mirent à renifler Jean. L'un était dressé à respirer la drogue. L'autre à repérer les explosifs. Heureusement, les chiens ont fait la fine bouche. Gentils, ils se sont détournés de la boîte. Les cendres, ce n'était pas leur truc.

Même chose à Katmandou, sauf que là, hélas, il n'y avait pas de chiens, et que l'on dut ouvrir l'urne. Certes, on prit toutes les précautions nécessaires pour desceller le bouchon de cire et éviter la chute des cendres. Les Népalais s'y connaissent bien en crémation car ils la pratiquent à grande échelle et grands bûchers. Néanmoins, ils ne purent s'abstenir de sentir et de toucher. J'en étais malade pour mon frère de voir le gros doigt du douanier touiller à l'intérieur de l'urne. Le doigt ressortit tout noir. Je n'en croyais pas mes yeux. Le type ne paraissait pas surpris. Il souffla nonchalamment sur son ongle. Il y eut une petite volute de poussière dans la lumière du matin himalayen. Partagé entre la colère et l'accablement, j'attendis qu'on me laisse partir. Les douaniers faisaient leur métier. Ils n'étaient ni zélés, ni pointilleux. Tout juste un peu illuminés. L'ineffable sourire de Bouddha au coin des lèvres, l'un d'eux m'aida à refermer la boîte. Comme il y avait encore du jour autour du bouchon de cire, nous avons colmaté l'orifice avec du scotch. À présent, l'urne ne semblait plus venir de Saqqara, mais plutôt d'un bazar de Patan. Ma mère en aurait été horrifiée...

Ma mère et moi sommes les deux derniers représentants d'une famille de quatre personnes. Mon père est mort d'usure, à force de trop gratter. Il était courtier en diamants. Le seul diamantaire goy au monde. Toujours par monts et par vaux, d'Anvers à Johannesburg, de Tel-Aviv à Sao Paulo. Tous le respectaient : les juifs, les grossistes, les intermédiaires, les détaillants. Tous, sauf ma mère. Comme elle ne s'endormait pas avant quatre heures du matin, elle l'obligeait à lui faire la conversation. Dès qu'il somnolait, à la moindre paupière lourde, elle envoyait balader le marchand d'étoiles et de scintillements. Vrai, elle frappait carrément avec la main. Parfois même, avec le poing. Lui, il se réveillait en sursaut et riait. L'ennui, c'est qu'il se levait à sept heures du matin et qu'elle ne le lâchait pas avant quatre ou cinq heures, quand les somnifères la terrassaient d'un coup. En attendant, papa devait répondre présent à tous les instants, raconter sa journée, sa semaine, sa vie. Toujours en alerte, il était aux ordres mais encore aux anges. Il adorait l'enfer et portait sa femme aux nues. Pour elle, et bien que tombant de sommeil, il veillait des nuits entières. Il veillait et surveillait, tout comme Humphrey Bogart dans *Le Trésor de la Sierra Madre* qui ne quittait pas des yeux son associé par peur qu'il ne disparaisse avec les sacs de poudre d'or. Ma mère n'avait pourtant rien d'un trésor. Personne d'ailleurs ne voulait la lui enlever et il ne s'en serait séparé pour rien au monde. Ils formaient un couple unique, à la vie à la mort. Et naturellement, elle lui a survécu.

Mon père avait tout essayé pour garder les yeux grands ouverts : les vitamines, le café, la pitié, la grâce, les supplications. Comme Bogart, il s'était même coincé des bouts d'allumette sous les paupières.

Le pire, c'est qu'il s'endormait parfois les yeux exorbités, et qu'il effrayait notre mère. Combien de fois Jean et moi-même n'avons-nous pas été réveillés par ses hurlements ? Bien sûr, tout cela c'est du passé, mais le passé est resté gravé en nous. Du plus loin que je me souvienne, nous avons toujours pris parti pour notre père, contre notre mère. C'est papa qui nous préparait le petit déjeuner tandis que maman dormait à poings fermés.

La mâchoire de travers, l'air méchant, elle écrasait ses songes, très tard jusque dans l'après-midi. Naturellement, elle était toujours en retard d'un repas. Et lorsque papa n'était pas en courtage à l'étranger avec sa vieille serviette de cuir attachée au poignet, c'est lui, à deux heures du matin, qui préparait son dîner. Ou rillettes-salade, ou saucisson-tomates, ou crabe mayonnaise. Pour le dessert, un morceau d'emmental et une pomme cuite. La pomme, tiède à point, devait encore avoir sa queue. La queue lui servait de cure-dents. Et pendant qu'elle se triturait les gencives, elle obligeait papa à parler. Quand il ne savait plus quoi dire, il inventait. C'était le plus souvent des contes, genre « Mille et une facettes ». Des fables qui se rapportaient à la mythologie des brillants, des solitaires. Des légendes de pierres précieuses. Des exploits, des aventures de diamants qui valaient leur pesant de carats.

Ma mère en raffolait. À force d'extraire le meilleur de mon père, elle avait fini par épuiser la mine. Le filon s'était éteint en pleine rue, à quelques mètres de notre immeuble. Papa s'était affaissé sur le trottoir, comme une galerie mal étayée.

De là datent les premiers voyages de Jean, comme si la mort de notre père avait fait sauter je ne sais quel verrou. Rien pourtant ne prédisposait Jean à partir aussi soudainement. Il préparait une licence de philo et ne s'inquiétait pas outre mesure de l'avenir. Comme moi, il avait le projet d'enseigner, et n'était pas particulièrement pressé de parcourir la planète. Dire que Jean s'était mis à fuir notre mère me paraît un peu simpliste. Je dirais plutôt qu'il avait eu l'intention de prendre le large un moment, mais qu'il s'était laissé prendre par le large, jusqu'à ne plus pouvoir s'en défaire. Le large, c'est comme une drogue dure. Il y a accoutumance à la longue distance, plaisir extrême à se perdre, orgueil à souffrir loin des siens, perversion à les laisser sans nouvelles. Durant des années, un temps infini pour moi, Jean s'était dilué dans la nature. Quand il est revenu, il n'était plus le même. C'était un étranger, un visiteur. L'élève studieux était devenu dissipé, irritable, écorché vif. Plus question de faire carrière. Enseigner, mais enseigner quoi ? Enseigner avec son sang, avec ses tripes, pas avec son savoir. Comment transmettre l'intransmissible à heures fixes quand tant de questions fondamentales restent sans réponses et vous taraudent l'esprit sans discontinuer ? Jean se définissait alors comme un moissonneur du clair de lune, comme un glaneur d'étoiles mortes, comme un laboureur de Voie lactée. Il prétendait que tout ce qu'il avait appris jusque-là était retourné à la nuit. Il n'était lui-même que lueur infime, guetteur de lumière. Il n'était bon, disait-il, qu'à coucher des idées sur le papier, pour donner une raison d'être au papier. À poser des couleurs sur une toile, pour donner des couleurs à la toile.

Bien sûr, Jean n'allait pas bien avec lui-même. Il labourait peut-être la Voie lactée, mais il semait des poncifs à tout vent. Il préconisait sérieusement de mettre la charrue avant les bœufs, car les bœufs, peuvent pousser aussi bien que tirer. À cette époque, Jean s'amusait à détourner les proverbes de leur vérité première. Il n'avait pas encore vingt ans, ce qui explique quelques maladresses et naïvetés. Plus tard, il fit beaucoup mieux. C'était sa manière, peut-être, de donner une raison d'être au papier sur lequel il écrivait. Certains proverbes, d'ailleurs, me reviennent en mémoire : « Qui vole un œuf est affamé. Qui vole un bœuf est bien nourri. » « Si les murs ont des oreilles, bien des oreilles ont aussi des murs. » « Si celui qui va à la chasse perdait sa place, il n'y aurait plus de chasseurs depuis bien longtemps ! » « Si tous les goûts sont dans la nature, pourquoi la nature n'a-t-elle plus de goût ? » « S'il n'y a que le premier pas qui coûte, pourquoi tant de gens hésitent-ils à bouger ? »

Peu à peu le guetteur de lumière affina son style, et son genre. De ses voyages, de ses marches, il rapporta des carnets de notes. Il y avait toutes sortes de choses : des comptes, et même des règlements de comptes. Des réflexions amères, des pensées euphoriques, des poèmes. Des chansons, les unes à l'eau de rose, les autres au vinaigre. Des dessins, des lavis, des fleurs séchées. D'autres carnets étaient réservés à des écrits plus sérieux. Il y avait des débuts de nouvelles, des canevas de scénarios, des bouts de romans. Rien n'était achevé, comme si Jean, pressé de repartir, ne notait que l'essentiel. Il équipait la page blanche de rappels, comme le grimpeur équipe la falaise de crampons.

L'ascension, l'aboutissement étaient pour plus tard. Et plus tard, en effet, des chanteurs chantèrent Jean, des cinéastes l'adaptèrent. On chantait Jean, on l'éditait, on le tournait, mais personne ne réussissait vraiment à l'attraper. La critique, qui l'avait encensé à ses débuts, s'était assez vite détournée de lui. Jean était un touche-à-tout, un dilettante, un de ces êtres inclassables qui irritent et déroutent les spécialistes. On lui reconnaissait du talent dans la forme, une force dans la plume, mais on était réticent à le classer parmi les auteurs sérieux. Je crois qu'on reprochait à Jean d'être sorti du langage philosophique pour entrer dans le langage courant. Pour bien des gens, l'hermétisme est synonyme de profondeur. Pour d'autres, c'est l'érudition qui fait la profondeur. Chez les peintres, on admet l'instinct, le tempérament, la part de hasard, comme des composantes essentielles à la création et au génie. Chez l'écrivain, étrangement, on les refuse. Or, Jean écrivait comme il peignait, à l'instinct, aux sentiments, à l'humeur, à l'arraché, et même à l'anarchie.

CHAPITRE III

Le chemin d'initiation

Je suivis donc l'âme de Jean à travers ces collines labyrintiques parcourues de maigres rizières d'altitude et parsemées de plantations. D'autres n'étaient que forêts clairsemées où l'on cultivait aussi le cannabis à l'abri des grands arbres.

Jean n'était plus qu'immatérialité, mais il pesait encore très lourd. Je me promis alors d'accompagner son âme. Où elle irait, j'irais. Où elle resterait, je resterais.

En allant à pied de Katmandou à Lukla, je me demandais si je n'étais pas rentré dans le monde des catastrophes. La question méritait une réponse, à croire que je portais la poisse à mon ombre. En effet, tandis que j'attendais le zinc de la compagnie privée qui devait m'emmener à Lukla, on avait appris le crash du petit avion avec lequel nous devions gagner le pays Sherpa. On ne savait pas au juste ce qui s'était passé. Le mauvais temps ? Une erreur humaine ? Un accident mécanique ? La boîte noire allait sans doute nous renseigner. La boîte noire, c'est la bête noire des pilotes. Quoi qu'il arrive, où qu'elle tombe, on la retrouve toujours. Et, dedans, il y a toujours les mots qu'il ne faudrait pas, des conversations idiotes, des indices de distraction, des réjouissances déplacées.

La boîte noire regorge des histoires les plus folles. Elle inspirerait bien des auteurs de polars, bien des auteurs de porno. On prétend que les chirurgiens déconnent autant que les pilotes. Leur veine, c'est qu'il n'y a pas encore de boîte noire dans les salles d'opérations. Pas de boîte noire quand le patient oublie de se réveiller. On devrait tous se méfier des boîtes noires, et pourchasser ceux qui les posent, comme on pourchasse les poseurs de bombes.

Ce matin-là, je me crus porteur de poisse. En réalité, j'étais plutôt porteur de chance. À une rotation près, j'aurais été dispersé avec mon frère au-dessus de l'Himalaya. Peut-être aurions-nous fini non loin de Namché Bazar, aux pieds de cet enfant qui me faisait endurer déjà tant de fatigue. C'est que crapahuter de la sorte, de vallées en collines et de collines en vallées, sans jamais en voir la fin, est un exercice pour le moins singulier. En une seule journée, c'était comme si on grimpait et descendait sept à huit tours Eiffel. Il fallait s'accrocher à ses pas, au vide, à son image, sous peine de tout laisser tomber : son sac, son corps, sa volonté. Si les autochtones apprenaient que les trekkeurs paient pour venir se traîner le long des sentiers qu'ils empruntent eux-mêmes, ils resteraient sans voix. Puissent-ils ne jamais être mis dans le secret !

Au début, en quittant Katmandou, je laissai aller mon corps et mes cris. Je n'arrêtais pas de me plaindre. Les plaintes, les gémissements, les râleries agissent finalement comme des baumes.

Plus tard, je réussis à maîtriser les grandes douleurs. Je m'arrangeais avec les petites. Le pire, c'était les ampoules, et les crampes. De la plante des pieds jusqu'aux cuisses tétanisées, les jambes se révoltaient jusqu'à m'attaquer par en dessous et me martyriser le bas-ventre. Il y avait des moments où je ne trouvais plus mes testicules. Réfugiées au fin fond des bourses, elles s'automutilaient. Le sexe, lui, ne valait guère mieux. Rétracté, recroquevillé, il était réduit à sa plus simple expression. Le froid, l'épuisement y étaient certainement pour beaucoup mais, au-delà de ces déplorables événements, il y avait principalement une forte appréhension. Elle était si importante qu'elle dilatait la poitrine, au contraire du sexe, et gênait considérablement la respiration. Je n'étais pas du tout sûr de tenir jusqu'au bout et je me prenais à rêver d'une voiture ou d'une moto, un rêve bien entendu, car hormis les vallées de Katmandou et de Pokhara où circulent quelques véhicules, le Népal est l'un des rares endroits au monde privé de routes et de concessionnaires automobiles. Sur ces chemins de collines, pas même une bicyclette ne passerait. L'automobile, les garages, les stations-service ne peuvent se concevoir ni s'imaginer. Il n'y a même pas d'atelier où réparer les hommes. Pas même un médecin à trois cents kilomètres à la ronde. Juste un poste, de-ci de-là, à cinq ou six jours de marche, où l'on amène des blessés à l'infirmier débordé. Tout alpiniste, tout trekkeur est donc considéré comme un médecin potentiel. Il est en principe porteur du savoir occidental. Porteur également d'une trousse à pharmacie bien fournie. À ses heures perdues, lors d'une halte et selon son humeur, il consent à consulter, à soigner les petits bobos. Parfois, il ose même opérer un panari, ouvrir un anthrax. Il distribue des aspirines et des antibiotiques. Bien des villageois en mauvais état nous attendaient le long des sentiers. Il y avait de tout, des pieds cassés, des mains ouvertes, des yeux purulents, des ecchymoses, des plaies béantes. Des mères avec leur bébé dans les bras, qui suppliaient. Les petits étaient fiévreux, boutonneux, morveux, hâves, faméliques.

Les trekkeurs aguerris pressaient le pas sans regarder. Ils en avaient vu d'autres et ils étaient revenus de toutes les charités. Moi, les premiers temps, je fis comme tous les novices. J'écoutais, palpais, oscultais, pansais. Je donnais mes médicaments sans compter. Je n'y connaissais rien en médecine, mais cela n'avait aucune espèce d'importance. L'essentiel, c'était de faire croire que je m'y connaissais. Ils étaient rassurés. Déjà presque guéris. Auparavant, ils avaient pris les remèdes traditionnels, consulté les chamans, sacrifié aux rituels. Les sorciers possédaient moins de pouvoir que les antibiotiques, aussi voyaient-ils d'un mauvais œil tous ces apprentis en sac à dos. Le mauvais œil, ils le jetaient sur nous. Et les vétérans de l'Everest en savaient quelque chose.

En passant leur chemin, en refusant de s'apitoyer, ils évitaient les malédictions. Curieusement, les himalayistes chevronnés sont pétris de superstitions. Tout comme les sportifs de haut niveau, les athlètes des stades ou les idoles des foules, ils se bardent d'interdits et de grigris. Ils croient aux signes, aux prémonitions, aux objets bénéfiques ou maléfiques. Les politiques, les décideurs ne font pas mieux. Lorqu'ils doutent de leur bonne étoile, ils se confient aux gourous, aux astrologues, à la boule de cristal, aux tarots, comme à la simple tireuse de cartes. Les décisions qui concernent l'humanité tout entière sont prises dans des cabinets secrets, dans des officines de charlatans. Quelquefois, dans des roulottes de foire. La bonne aventure a joué des tours à Staline comme à Hitler, à Kennedy comme à Castro, à de Gaulle comme à Mitterrand. Le Conseil des ministres ne pèse guère en regard d'un conseil de voyance.

Jean, mon frère de cendres, dont j'ai maintenant la charge si légère, et pourtant si douloureuse, m'avait expédié une lettre de Kiev, peu après le drame de Tchernobyl. Ce n'était qu'une pensée, un jeu de mots, mais les mots avaient explosé sitôt l'enveloppe ouverte : « Il serait temps que les apprentis sorciers cessent une fois pour toutes d'être des apprentis, et deviennent enfin des sorciers ! » La lettre m'était parvenue trois mois plus tard, témoignant du chaos dans lequel était plongé le pays. Que faisait Jean à Tchernobyl ? Du mauvais sang et de la bile ? Était-il reporter ou secouriste ?

Ventre à terre, ou bien touriste ? Je ne saurai jamais ce que faisait mon frère en ce mois de mai 1986. À cette époque, Jean ne moissonnait plus les clairs de lune, et ne glanait plus les étoiles mortes. Il était enfin sorti de ses trous noirs pour construire son trou avec les autres. Je crois qu'il donnait la main à Greenpeace parce qu'il aimait bien les baleines et les canots, les petits oiseaux et les grands espaces. Il était sorti de ses trous noirs, mais il s'entourait toujours de zones d'ombre. Quelquefois, je me demande s'il n'était qu'un pion, un homme de main ? Ou alors un espion du genre humain ? Tout ce que je sais, c'est que mon frère est un mystère, et qu'il le restera sans doute encore longtemps. Et même une fois éparpillé par le vent.

J'avais tenu le coup tant bien que mal, mais plus mal que bien. Le groupe avec lequel je devais prendre l'avion pour Lukla s'évanouit rapidement dans la nature. C'étaient des marcheurs aguerris, des alpinistes renommés, qui se jouaient des escaliers taillés dans la glaise ou le roc.

J'essayai de les suivre un moment, pour m'apercevoir aussitôt que j'allais, à ce rythme, y laisser ma peau.

Braves types, ils m'avaient semble-t-il attendu, pour démarrer soudain en trombes à la première montée sérieuse. Je les avais vus partir avec plaisir. Leur aisance, leur insouciance m'agaçaient. Eux, ils étaient libres, légers, en dépit de l'incroyable barda qu'ils transportaient. Si je me compare à ces conquérants de l'éphémère, j'étais lourd de tous les tourments, de toutes les angoisses. Lourd de toutes les incertitudes, et de toutes les responsabilités. J'étais un homme de peine, un marcheur de chagrin, mais j'avais quelque part, au fond de moi, une sorte de petit soleil qui éclairait le chemin. J'étais unique, un être à part. Nul autre que moi sur ces sentiers n'avait pareil but que le mien. Moi, j'allais à la rencontre du Fils de l'Himalaya...

Des dizaines de milliers de gens étaient déjà passés par ces collines et ces montagnes : des Occidentaux, des Japonais, des Australiens, des Américains. Ils n'avaient eu d'autre souci que de réussir leur trek ou leur ascension. Leurs efforts, leur énergie, leur volonté convergeaient vers un seul point, une seule et même ambition : l'exploit, comme si l'exploit n'avait pas déjà été accompli par nombre de leurs semblables. Chacun d'eux faisait comme s'il était le premier. Comme si la montagne était vierge, alors qu'elle était souillée comme le plus visité des monuments. Ils étaient comme ces photographes de la tour Eiffel et de la place Saint-Marc. De ces gens qui, genou à terre, cherchent des angles inédits pour immortaliser le Taj Mahal ou les pyramides et mettent en boîte Buckingham Palace ou la tour de Pise.

Nul autre que moi n'avait emprunté cette destination autrement que pour se surpasser. Même les plus vieux, les plus épuisés, les plus poussifs se la jouaient.

Je fis un bout de route en compagnie d'une bande d'éclopés.

Nous nous étions rencontrés, comme cela, au hasard du chemin et des difficultés. Il y avait toujours un traînard derrière le pire des traînards, si bien que personne n'allait vraiment seul. On se dépassait parfois pour s'arrêter un peu plus loin. Et, en attendant que reviennent les forces, nous étions toujours rattrapés par quelqu'un. Il y avait là un Belge, marchand de moules à Bruxelles.

Le cliché a l'air faux, mais le Belge était vrai, comme étaient vraies les moules et les frites qu'il servait dans son établissement. La quarantaine, le type ne marchait qu'à la bière. Il consommait quelque chose comme trois litres aux cinq kilomètres, soit du soixante litres au cent. L'ennui, c'est qu'il ne trouvait pas toujours de quoi carburer convenablement. Il avait beau payer ses aides à prix d'or et les expédier tels des marathoniens d'altitude vers les villages les plus proches, ceux-ci revenaient bien souvent les mains vides. D'autres assoiffés étaient déjà passés par là. D'autres encore, comme lui-même, avaient envoyé leurs porteurs retenir les cannettes et les boîtes.

Je rattrapai le Belge. Il était en panne sèche, et n'avançait presque plus. Avec lui, il y avait une jeune Anglaise, le genre hippie plus que le genre alpiniste. Elle portait un pantalon large et une ample blouse de coton, qui cachait ses formes. Elle s'était fait tailler le costume en moins d'une heure au village précédent. Là, exténuée, elle avait engagé un jeune garçon pour porter son sac. C'était un Gurung, de petite taille, à l'aspect farouche, de type mongoloïde.

Nous avons marché ensemble un sacré bout de temps, sans gagner le moindre bout de terrain. Ce n'était peut-être qu'une impression, mais elle nous minait le moral. Le haut de la colline nous paraissait toujours aussi inaccessible. En réalité, le Belge n'en pouvait plus, si bien que nous avons dû le soutenir dans la pente.

Nous parvenions enfin à mi-hauteur, quand son porteur, lui aussi Gurung, mais d'un âge indéterminé tant il était usé par les courses, se mit à pousser des cris de joie. Il avait aperçu deux de ses collègues qui montaient derrière nous en cavalant. C'étaient les ravitailleurs de la bourgade où nous devions faire étape dans la soirée. Ils amenaient de quoi nourrir et abreuver une bonne cinquantaine d'étrangers, répartis dans divers lodges. Courbés sous la hotte, le front ceint du bandeau de portage, ils s'apprêtaient à nous dépasser comme si nous n'existions pas, en dépit des injonctions de leurs copains. C'est alors que le Belge eut un sursaut dingue. S'arrachant à la rocaille, il se mit à voler littéralement derrière eux en agitant une poignée de gros billets. À la vue de toutes ces roupies, les autres ne résistèrent pas et se défirent d'une partie de leur cargaison. Délestés d'une bonne trentaine de

Pillsten, ils nous gratifièrent d'une drôle de grimace. En quelques pas, ils avaient gagné deux mois de salaire et l'amitié indéfectible d'un Bruxellois. On ne savait pas comment ils allaient justifier un pareil manquement. Eux non plus sans doute, mais ils filèrent sans demander leur reste.

Le Belge prit tout son temps pour refaire le plein. Comme à la pompe, il engloutit une dizaine de cannettes. Ça lui dégoulinait, ça lui moussait de partout. Tout en buvant, il me regardait avec commisération. J'en avais l'eau à la bouche. L'Anglaise aussi, je pense, mais nous sommes restés sur notre soif sans même avoir été régalés. Nous nous sommes consolés en sortant nos gourdes d'eau micropurée tandis que le Belge fourrait son trésor dans la doko de son pauvre porteur.

Regonflé à bloc, il démarra sur les chapeaux de roue, comme un lama volant, pour disparaître dans la forêt de rhododendrons. Sans rien dire, le jeune Gurung lui emboîta le pas.

L'Anglaise s'appelait Shirley. Elle avait un beau visage fatigué, des traits fins, bien qu'un peu tirés, et de longs cheveux blonds ramenés en chignon. Le chignon était piqué d'une orchidée qui faisait office de barrette. Mais ce qui frappait chez elle, c'étaient ses grands yeux clairs, au regard un peu fou.

S'apercevant tout à coup de la disparition de son porteur, elle laissa échapper un petit rire :

– C'est drôle, je lui trouvais plutôt une bonne tête ! Crois-tu que c'est un voleur ?

À vrai dire, je n'en avais aucune idée. J'aimais bien la voix de la fille, et encore plus son tutoiement. Pour la rassurer, je dis :

– Non, il ne t'a pas volée. Il a eu peur d'être pris par la nuit, alors il est parti avec les autres.

– Il nous attendra peut-être au village. Et puis, même s'il n'y est pas, ça m'est égal. On trimbale toujours trop de choses avec soi !

Elle était si nature que j'en oubliai mes pieds blessés, mes jambes révoltées. Je demandai :

– Où vas-tu ? À Lukla ? À Namché ?

– À Namché. Là, je me reposerai quelques jours. Ensuite, je pousserai jusqu'au monastère de Tyamgboche.

– Et que vas-tu faire au monastère ?

Elle me jeta un beau sourire en répondant :

– Y rester, peut-être ?

Je marquai l'étonnement :

– Tu veux être nonne ?

– Oui, j'aimerais bien.

Je ne pus m'empêcher de dire :

– Aimer bien ne suffit pas. Il faut avoir la vocation.

C'était le prof qui avait parlé, et je m'en voulus. J'adoptai un ton plus nuancé :

– Tu es au Népal depuis longtemps ?

– Quelques mois. Et toi ?

– Moi, quelques jours.

– Quelques jours, c'est vrai ?

– Vrai, je ne mens jamais.

– Et où vas-tu, toi ?

La question était si importante qu'elle méritait réflexion. Certes, je savais où j'allais, mais devais-je le lui dire ? Avais-je le droit de parler d'un jeune garçon que je ne connaissais pas encore ? Pourquoi aurais-je dû m'en réclamer alors que je n'avais même pas imaginé le déroulement de la rencontre ? Peut-être me contenterais-je de l'apercevoir ? Peut-être ne ferais-je que passer ? Peut-être resterais-je quelque temps à ses côtés ?

La pudeur m'aiguilla sur une autre voie, si bien que je fus moi-même surpris de ma réponse :

– Eh bien moi, vois-tu, je vais disperser les cendres de mon frère au Tibet.

Elle s'arrêta brusquement, l'air incrédule, comme si je lui avais dit quelque chose d'incompréhensible :

– Tu peux me répéter ça ?

Je le lui répétai en détachant bien mes mots. C'est vrai, la phrase paraissait tout à fait extravagante. Sa remarque n'en était pas moins inattendue :

– Au Tibet ? Mais tu n'as pas pris le plus court chemin ! Tu rallonges drôlement ! Pourquoi n'es-tu pas allé directement de Katmandou à Lhassa ?

Sans réfléchir, je répondis :

– C'est trop compliqué à t'expliquer. Disons que j'ai une bonne raison.

– Un secret ?

– Oui, une espèce de secret !

Nous reprîmes notre ascension pour franchir enfin, complètement fourbus, les dernières marches de la colline. Là, le paysage nous sonna tous les deux. Au loin, barrant l'horizon, toute la chaîne himalayenne émergeait, immaculée, d'une irréelle brume pourpre.

Shirley me désigna un à un les sommets, en précisant l'altitude de chacun. Je la croyais suffisamment impressionnée par le panorama, mais elle revint à notre conversation :

– Dis, c'est vrai, le truc des cendres ? Tu as vraiment cette boîte sur toi ? Tu me la montres ?

Je me demandai s'il était sacrilège de montrer Jean, comme cela, à une Anglaise dont je ne savais pas grand-chose ? En fin de compte, je me dis que Jean aurait été sensible au charme de cette fille. Autant peut-être qu'à la beauté du paysage. Jean avait déjà aperçu ces géants immuables et mis ses pas dans le ventre de la montagne. Il avait grimpé nombre d'entre eux et foulé bien des neiges éternelles avec ses semelles de vent.

Comme je me perdais dans les métaphores, elle insista :

– Je t'assure, ça me ferait plaisir de le voir.

Je posai le sac et ouvris le rabat. L'Anglaise ne me quittait pas des yeux. Elle était drôlement plus gracieuse que les molosses de Roissy-Charles-de-Gaulle.

Franchement, je me trouvais un peu bête en sortant l'urne. Elle était bien scotchée, bien hermétique, bien plus invulnérable que je ne l'étais moi-même. De tenir mon frangin, comme cela, dans le creux des mains, m'émouvait terriblement. La question de la fille ne m'arrangeait guère :

– C'est ton frère, ça ? Et quel âge avait-il ?

– Trente-sept ans.

Elle effleura l'urne de ses doigt fins, sans se départir d'un sourire angélique.

– Il était comment ton frère ? Comme toi ?

– Non, il était plus grand, plus beau.

Elle jeta un bref regard vers ma personne et ajouta :

– Il était superbe, alors !

Je laissai filer le compliment tandis qu'elle continuait à caresser Jean. Elle dit :

– Tu t'appelles comment, toi ?

– Alexandre.

– Et lui ?

– Jean.

– Jean, c'est mignon.

Tandis que je reprenais mon frère pour le remettre à l'abri, elle eut les mêmes mots que ma mère :

– Tu es sûr qu'il est tout entier là-dedans ? Tu sais, moi, j'ai vu pas mal de crémations à Bénarès. Et d'autres le long des gaths de la Bagmati. Les cadavres ne pesaient pas bien lourd, juste la peau et les os, mais une fois brûlés, cela faisait quand même un volume plus important !

Je n'avais guère envie de disserter sur le sujet.

Néanmoins, je crus bon de lui apprendre que l'on ne pouvait comparer crématorium et bûcher. L'un consume proprement, cliniquement. L'autre brûle corps et combustible dans le même foyer, si bien que l'on disperse tout un amas de cendres dans les eaux du fleuve.

Nous arrivâmes à Pektu peu avant la fin du jour. Et tandis que nous cherchions notre lodge, la nuit tomba d'un seul coup. La nuit, c'est bien la seule chose qui tombe sans faire de bruit. La nuit, c'est pourtant cosmique, d'une grandeur et d'une lourdeur que nul n'est encore capable de mesurer ou d'évaluer. Pas même le plus fameux des mathématiciens. Quel est le volume exact de la nuit ? Quelle est sa consistance ? De quoi est faite sa matière ? A-t-elle seulement une matière ? Autant de questions auxquelles Jean, comme je le découvrirai plus tard, avait apporté des réponses. Je n'en étais pas encore là. Encore trop loin de Namché Bazar pour être averti d'une pareille recherche.

Comme je le pensais, le jeune Gurung au faciès mongoloïde attendait sa cliente à l'entrée du village. Il avait peut-être fait mille fois le parcours qui sépare les deux vallées, mais ça ne le rendait pas plus efficace pour autant. Nous le sentions fébrile, mal dans sa peau, et nous nous demandions ce qui l'avait mis dans cet état, quand nous aperçûmes un peu plus loin le Belge qui chialait dans son bol de soupe. Le visage en sang, la voix entrecoupée de sanglots, il nous raconta qu'un guide suisse l'avait méchamment tabassé.

Réfugié dans un coin du restaurant réservé aux intouchables, son porteur ne valait guère mieux. La lèvre supérieure fendue, les pommettes ouvertes, il se tenait à carreau.

Non loin de lui, les deux ravitailleurs qui l'avaient rossé avalaient goulûment leur assiette de stampa. Dans une autre salle, une douzaine de Genevois pas mal éméchés en étaient à brailler des chansons de salle de garde. Tout le répertoire y passait, de *La Petite Huguette* à *Bien le bonjour, madame Bertrand.*

En nous voyant entrer, Shirley et moi, ils s'interrompirent quelques instants pour nous dévisager. Nous échangeâmes les formules de politesse habituelles, des « Salut les gars », des « Ça va ? ». Ils reprirent leurs couplets grivois en tapant dans leurs mains. À en juger par les cannettes vides, la bière faisait un effet yak.

L'ambiance sacrément électrique déplut fortement à ma compagne de hasard. Méfiante, elle s'empressa de commander son repas dans l'intention de se retirer le plus rapidement possible. Elle insista pour que nous partagions la même chambre. Elle craignait les buveurs de bière, les brasseurs de vent, les faiseurs d'embrouilles, les soirées galère.

J'étais en train de saucer le dal qui accompagnait mon plat de raviolis quand l'un des Suisses s'avança vers moi. Cela faisait un bon bout de temps qu'il ne me quittait pas des yeux, comme s'il n'arrivait pas à me situer. Son regard n'avait d'ailleurs rien de méchant.

Parvenu à ma hauteur, il eut un sourire entendu. D'une voix nimbée de mystère, il murmura :

– Tu te rends compte, j'ai failli ne pas te reconnaître ! Il faut dire que tu rajeunis d'année en année. L'air du grand large te réussit !

Évidemment, le gars me prenait pour Jean. On ne se ressemblait pourtant pas à s'y méprendre. Jean était plus svelte que moi. En outre, il arborait une magnifique chevelure rousse. La mienne, bien qu'auburn, ne souffrait pas la comparaison. Si nous présentions quelques similitudes, elles résidaient dans la forme du visage, et dans l'expression qui s'en dégageait. Nous avions la même façon de sourire, mais on ne souriait pas des mêmes choses. La même façon de poser notre regard sur les choses et les gens sans pour autant apprécier les mêmes gens, ni ressentir les mêmes choses. En fait, il arrivait assez souvent que l'on nous confonde. L'air de famille n'est peut-être pas ausssi vivifiant que celui du grand large, il n'en burine pas moins les traits.

Cette fois, je jouai franc jeu :

– Je ne suis pas Jean. Je suis Alexandre, son frère.

Le type paraissait vraiment confus. Il fouilla sous son bonnet pour se gratter la tignasse :

– Autant pour moi ! Et comment va Jean ?

J'hésitai un bref instant avant de lui apprendre la triste nouvelle. Il en resta complètement abasourdi :

– Quoi, vous me dites que Jean est mort ? Mais ça n'est pas possible ! Pas Jean ! Pas Jean !

Je lui racontai le Caire, la fusillade à l'hôtel.

Du coup, il s'assit en face de nous. Écroulé sur la chaise, il n'arrêtait pas de secouer la tête :

– Mais c'est pas possible ! Pas Jean ! Pas Jean ! Figurez-vous qu'en 1991 nous étions ensemble au Kilimandjaro !

C'était mon tour d'être surpris :

– Au Kilimandjaro ?

Le Suisse se redressa soudainement. Une lueur étrange dans le regard, il murmura :

– C'était un garçon extraordinaire. Nous avions fait l'ascension en deux jours. En redescendant, je m'étais écroulé dans les cathédrales de glace. Un surcroît d'efforts, un évanouissement passager. Jean m'avait pris sur son dos. Comment ne pas se souvenir d'une pareille glissade dans la poussière de lave ? Au-dessus de nous, un petit avion tournait et retournait comme une mouche autour du cratère. Jean m'avait dit : « Regarde-le bien, c'est le petit avion d'Ernest Hemingway. Tu sais, celui qu'aperçoit le héros du roman tandis qu'il agonise dans la savane avec sa jambe gangrénée. »

Je demandai :

– Vous connaissiez Jean depuis longtemps ?

– Ah non, on s'était rencontrés la veille à Aruscha et nous avions sympathisé. Au fait, vous a-t-il parlé du vieil aveugle ?

Décidément, il m'intriguait :

– Le vieil aveugle ? Non, il ne m'en a rien dit.

– Figurez-vous que votre frère a déposé une petite fortune dans la main d'un mendiant aveugle qui dormait sur le trottoir. C'était un Masaï, un immense gaillard, le plus vieux, le plus fripé, le plus parcheminé de tous les mendiants du monde. Jean a été si touché par sa posture, si intrigué par son grand âge qu'il lui a remis tout l'argent qu'il portait sur lui. Un vrai pactole, quelque chose comme trois mille de vos francs. Avec cela, le vieux pouvait tenir deux ou trois ans. Il s'agissait de grosses coupures en monnaie locale, des billets de cent shillings que Jean avait laissés chez un ami quelques années auparavant. L'ami lui avait remis cette enveloppe le matin même. Jean ne l'avait pas encore ouverte. Le vieux s'est réveillé en sursaut. Hébété, il a palpé les billets du bout des doigts, pour se relever d'un seul coup, en démarrant comme un fou. On n'a jamais vu un vieillard courir aussi vite. C'était plus que surprenant, c'était miraculeux. Jean a savouré ce qu'il appelait son « acte gratuit ». Entre vous et moi, il y a des actes gratuits qui coûtent cher. Et celui-ci, comme vous allez le voir, lui a aussi coûté très cher en tourments.

Je n'ai pas osé interrompre l'alpiniste. L'Anglaise, quant à elle, était sous le charme. Jean n'était pas que cendres en boîte, il prenait forme et chair. Elle écoutait, elle le voyait vivre. Le type poursuivit :

– Nous avons pris le bus pour aller du centre-ville au Parc national où on devait faire connaissance de notre guide et du porteur. Ni l'un ni l'autre n'étaient au rendez-vous si bien que nous avons voulu acheter quelques barres chocolatées et des fruits secs. Lorsque Jean a présenté au commerçant le seul billet de cent shillings qu'il avait gardé pour lui, l'homme a lâché une grimace et l'a repoussé. Cet argent n'avait plus cours depuis cinq ans. Entre-temps, la monnaie avait été dévaluée, puis remplacée. Je ne connaissais pas votre frère, mais je crois n'avoir jamais vu une personne si contrariée. Il se maudissait littéralement, s'injuriait, se tapait la tête contre les planches du baraquement. Enfin calmé, il m'a dit : « Écoute, puisque nous sommes là, on va grimper très vite. On va s'arrêter à Kibo-Hut et nous donnerons l'assaut au petit matin. Tu comprends, je dois revenir à Aruscha le plus tôt possible, et retrouver le vieux. Cette fois, il aura droit à de vrais shillings. Non mais, tu te rends compte de sa déception ? Dis, tu imagines sa rancœur ? Il doit croire que je l'ai trompé, que je me suis joué de lui. Il peut en mourir, et moi aussi. »

« J'ai remonté le moral de votre frère du mieux que je pouvais, mais il préférait avaler la montagne à toute blinde. C'était à la fois une punition, et une course contre la montre. Le soir même, on est arrivé au refuge de Kibo-Hut à quatre mille sept cents mètres. J'avais déjà fait des courses épuisantes mais, avec celle-ci, tous mes records tombaient. Bon, je vous passe l'assaut final, le sommet, la visite du cratère, le sprint de l'autre côté, dans les fameuses cathédrales de glace. Je vous passe encore mon état lamentable, mon séjour dans les pommes. Nous sommes redescendus comme des fous pour nous pointer, six mille mètres plus bas, dans le dernier bus à destination d'Aruscha. Là, il a encore fallu se faire ouvrir un bureau de change, négocier des dollars et des francs contre des shillings, puis partir ventre à terre au centre-ville, à la recherche du mendiant. Vous ne le croirez peut-être pas, mais le vieux Masaï était toujours là, dans la même posture. Il dormait. Le bras tendu reposait sur une fourche de bois. En déposant la liasse dans la main du bonhomme, votre frère a eu un sourire magnifique. Il irradiait de bonheur, comme s'il avait sauvé l'humanité tout entière d'un épouvantable cataclysme. Comme dans un rêve, le vieux a palpé les billets. Cela donnait une sorte de froissement magique, que les doigts et les oreilles ne se lassaient pas d'entendre. Soudain, le rêve avait une fin heureuse. Le vieux s'est réveillé. Les yeux fermés, il regardait le pactole, l'évaluait, le soupesait. Et puis, comme l'avant-veille, il a démarré à fond la carcasse, heurtant un étalage au passage. Nul autre que lui ne savait où il allait. Nuls autres que nous ne savaient ce qui lui était arrivé. Croyez-moi, c'était beau, très beau...

Je n'avais rien su de ce voyage en Tanzanie. Rien su de cette ascension expresse du Kilimandjaro. Jean était encore plus secret que le héros d'Ernest

Hemingway. En réalité, il n'y avait guère eu d'intimité entre lui et moi. Chacun de nous s'était plu à ignorer l'autre, juste ce qu'il fallait pour ne pas démentir les liens du sang. L'affaire était entendue : nous étions frères, c'est vrai. Frères, mais pas amis. Frères, mais pas ennemis. En temps normal, en apparence, nous pouvions fort bien nous passer l'un de l'autre. Fort bien rester des mois sans donner signe de vie. Mais que la vie soudain n'aille plus si bien, qu'elle se montre revêche, agressive, dangereuse, alors nous faisions aussitôt corps, aussitôt front uni et commun. Cela tenait certainement à ces fameux liens du sang, à l'empreinte de la tribu, au mystère de cette caverne qu'est le ventre d'une mère...

Ce soir-là, en me séparant de l'alpiniste, je me dis que tous les chemins d'aventure menaient à Jean. Sans doute allais-je encore croiser d'autre bourlingueurs du clair de lune, d'autres guetteurs de lumière, et apprendre de leur bouche ce que les lèvres de Jean m'avaient caché ?

Je partageais ma chambre avec l'Anglaise. C'était une minuscule piaule, équipée de deux bas-flancs. Le robinet était sur le palier, les toilettes dans la cour. D'énormes cochons noirs remplaçaient la chasse d'eau. Ils dévoraient tout, l'excrément, le papier, et attaquaient aussi les fesses. Il fallait faire vite, tout en étant sur ses gardes. Les gens nerveux, les constipés préféraient s'égailler le long des sentiers. Plus tard, à Namché Bazar, mais comment aurais-je pu m'en douter alors, j'allais découvrir un étonnant texte de Jean consacré aux porcs, cet animal adulé par les uns et honni par les autres. Nulle autre bête que le cochon, qu'il soit d'Inde ou de Bretagne, ne divise autant le monde. À l'inverse, il semble bien que l'agneau, qu'il soit mystique ou comestible, unifie tous les mondes. Personne ne tuerait son semblable pour un morceau de mouton jeté devant une mosquée, une église, une gompa, une synagogue. Plus vont les temps, plus les religions se radicalisent, moins le cochon a sa place au soleil. Bientôt, les porcheries, les charcuteries seront la cible des fanatiques et des kamikazes. Le cochon explosera en gerbes de sang, aux quatre coins de l'univers. La Voie lactée, elle-même, en sera toute rougie, toute coagulée. En dehors du Grand Nord et du Grand Sud, pas un seul peuple, pas un seul pays ne sera à l'abri des anticochons. Ceux-ci couvent leur folie depuis des millénaires. Maintenant, ça y est, elle éclôt, elle éclate. Tout cela à cause du sacrifice d'Abraham. Tout cela à cause de Dieu qui, dans sa bonté miséricordieuse, lui envoya un agneau au lieu de lui envoyer un cochon. Mais Dieu a peut-être une excuse ? Qui sait, il n'avait peut-être pas encore inventé le cochon ? Et puis Dieu, par le geste d'Abraham, par ce tranchant retenu au dernier moment sur la gorge de son fils, ne voulait-il pas dire aux hommes : « Attention, respectez vos fils, cessez donc de les égorger. La vie d'un enfant est sacrée. Tuez plutôt l'agneau car il est innocent » ?

Plus loin, j'aurai l'occasion de revenir sur ces écrits de Namché Bazar, quelques cahiers d'écolier reliés en pure peau de yak. Jean les avait remplis durant sa convalescence. Il y avait des pensées de bazar, bien sûr, des délirantes, des éculées, qui sentaient la sueur, le beurre rance. Mais pour quelques facilités, quelques platitudes, combien de jolies choses n'avait-il pas imaginées ? Il avait apporté des réponses à des questions restées jusqu'alors sans réponse : qu'est-ce que Dieu ? qu'est-ce que la vie ? qu'est-ce que la mort ? pourquoi la nuit tombe-t-elle sans faire de bruit ? pourquoi le jour se lève-t-il ? de quoi est composé le petit déjeuner du jour ? pourquoi les arbres perdent-ils leurs feuilles en automne ? Pourquoi les portefeuilles perdus ne se retrouvent jamais ? pourquoi la musique n'a-t-elle jamais réussi à adoucir les mœurs ? pourquoi les mœurs ont-elles besoin d'avoir une police ? pourquoi les Sherpanis ont-elles plusieurs maris ? peut-être pour donner plusieurs papas aux petits Sherpas ?

Manifestement, Jean avait écrit à l'intention des enfants. C'était simple, clair, amusant. Le sérieux des propos n'apparaissait qu'à la seconde lecture.

Shirley avait profité de mon arrêt aux toilettes pour ouvrir mon sac à dos. Je la surpris alors qu'elle tenait l'urne contre sa poitrine. Ses jolis seins encadraient mon frère d'une manière tout à fait charmante, mais je n'appréciais pas du tout ce genre d'exhibitionnisme. La voix sévère, je dis :

– Qu'est-ce que tu fais, nom de Dieu ?

Toute de candeur, elle répondit :

– Je réchauffe ton frère. Tu sais, il est très content comme cela !

Je lui repris Jean sans ménagement, et elle se mit à crier :

– Tu m'as fait mal ! Tu n'as pas le droit d'agir comme un macho !

– Et toi, tu n'as pas le droit de jouer avec les cendres de mon frère !

Elle répliqua :

– C'est toi qui joues les croque-mort. Moi, je suis vivante, je suis une femme...

Excédé, je lançai :

– Mais qu'est-ce que tu veux au juste ?

Sa réponse me stupéfia :

– Dormir avec ton frère.

– Hein, tu veux dormir avec Jean ? Tu veux le sortir de sa boîte ? Tu veux qu'il te baise ?

Elle me mettait hors de moi. J'avais marché toute la journée avec une folle sans m'en apercevoir, et je ne savais plus comment m'en dépêtrer. Je m'armai de patience :

– Écoute, tu dois te calmer. Nous avons loué la dernière chambre libre et je n'ai pas envie de passer la nuit dehors. Alors, de deux choses l'une. Ou bien tu restes tranquille, ou bien tu pars d'ici.

Elle se mit à pleurnicher :

– Mais je n'ai rien fait de mal ! C'est toi qui vois le mal partout ! Tu ne comprends vraiment rien ? Je te le dis, tu n'es pas digne de ton frère...

Sa dernière phrase m'en fichait un sacré coup. Je me dis qu'elle avait peut-être raison, que je voyais de la perversion là où il n'y avait que de l'amour, que de la tendresse. Peut-être avais-je mal interprété son anglais ? Je devais en avoir le cœur net :

– Bon, que veux-tu exactement ?

– Eh bien, je voudrais que tu me prêtes Jean pour la nuit. Il sera mieux dans mon sac de couchage que dans ton sac à dos !

– Tu veux prendre Jean dans ton duvet ?

– Oui, à l'intérieur, contre ma peau. Je crois qu'il va aimer. Il aura chaud, il sera au doux.

Je restais stupéfait. Ce genre d'aventure ne pouvait arriver qu'à mon frère. Incroyable ! Jean n'était plus que cendres, mais il séduisait toujours autant.

À vrai dire, j'avais trouvé la chose assez belle, si bien que je me séparai de Jean pour la nuit. Pourquoi, au nom de quelle vertu, de quelle morale, lui aurais-je refusé ce plaisir ?

Couché non loin de Shirley, je le surveillais du coin de l'œil. Dire que je n'enviais pas Jean serait faux. Dire que j'en étais jaloux serait excessif. Il n'empêche que Jean me damait encore le pion comme il me l'avait damé de son vivant. Je ne trouvais pas cela très juste, aussi ai-je dû soupirer un peu trop bruyamment, comme pour chasser la rancœur. Peut-être me suis-je tourné et retourné plus que normalement car, au bout d'un moment, l'Anglaise demanda :

– Tu ne dors pas ?

– Non, je ne dors pas.

– Tu veux venir avec nous ?

J'éprouvai une vive émotion, mais elle fut aussitôt ternie par une sorte de malaise. En effet, le « nous » était resté dans ma gorge et la nouait. Elle avait dû sentir que quelque chose me retenait. Sa voix se fit plus suave :

– Vraiment, Alex, ça me ferait plaisir que tu viennes dans mon duvet. Ton frère, il est adorable, mais il est très limité.

Elle avait fini par me convaincre. Il faut avouer que ça n'avait pas été trop difficile. La fille était si attrayante que l'on ne pouvait guère lui résister.

J'entrai donc dans son duvet, sans me poser d'autre question que celle du préservatif, ce qui s'avéra tout à fait superflu. Quand elle voulut m'équiper, et malgré la finesse de ses doigts, il n'y eut plus personne pour répondre à la demande. Adieu le bonhomme, bonjour la honte ! C'est que frérot était toujours là, au milieu de nous. D'une part, il me faisait mal, la boîte me blessait la cuisse. De l'autre, il m'intimidait. Je dis :

– Tu sais, Shirley, on pourrait peut-être se séparer un moment de Jean ?

– En effet, si cela doit t'empêcher, il vaut mieux s'en séparer.

Le ton n'était pas très gentil, l'ironie transparaissait dans la voix. Je sortis l'urne du sac pour la pousser sous le bas-flanc. Tout de suite, je me sentis mieux mais, au contact du caoutchouc, de nouveau, je dus renoncer. C'est que la présence de Jean, juste en dessous de nous, était encore trop pesante. Je n'avais jamais fait l'amour devant mon frère. Me donner en spectacle si près de ses cendres me paraissait relever du sacrilège. C'est alors que Shirley me dit :

– Tu devrais le mettre dehors...

– Dehors, tu crois ?

Elle me dévorait de ses grands yeux illuminés.

Elle se fit autoritaire, très pressante :

– S'il te plaît, sors-le de la chambre, on le reprendra tout à l'heure.

La suggestion ne m'emballait pas, mais je m'extirpai de ses bras pour aller déposer l'urne sur le palier. C'est alors qu'une phrase de Jean me revint en mémoire : « La nuit, si tous les chats sont gris, bien des chattes sont aigries ! » Je ne saurai jamais pourquoi un tel aphorisme m'était venu à l'esprit, mais il ne me prédisposait guère aux performances.

Comme mon énergie vitale opposait encore quelque résistance, Shirley demanda :

– Il y a longtemps que tu n'as pas fait l'amour ?

Es-tu marié ? As-tu des copines ? Es-tu actif, ou préfères-tu te laisser faire ?

Ce flot de questions n'arrangea rien. En vérité, j'avais fait l'amour pour la dernière fois avec ma femme, en sortant du bureau des réconciliations, qui était aussi le bureau des pleurs. Nous nous étions retrouvés là, Mathilde et moi, peu après notre décision de divorcer. Nous étions séparés de corps, mais nos corps, bizarrement, avaient eu une envie folle de se retrouver l'un contre l'autre. En sortant du tribunal, nous étions entrés dans le premier hôtel venu. Après l'orgasme, la raison avait repris le pas sur les corps. Nous avions recommencé à parler sans nous comprendre. Chaque mot, chaque intention, amenait une méchante réplique. Chaque réplique accentuait le malentendu. Comme d'habitude, ça nous avait déchiré quelque chose dans la poitrine. Cette fois, on s'était dit qu'il n'y avait plus de réconciliation possible, et que nous devions interdire à nos corps de se revoir.

En pensant à Mathilde, la forme me revenait. Au début, je me laissai faire. Je restais passif, une façon de répondre à Shirley. Et puis, pour la renseigner tout à fait sur mes possibilités, je passai du stade passif au stade actif.

Il m'est bien difficile de dire aujourd'hui comment s'est déroulé le reste de la nuit. Avec panache, ou bien laborieusement ? Peut-être me suis-je endormi le premier ? Peut-être avons-nous sombré ensemble, comme bercés par nos respirations ?

J'ouvris l'œil vers le milieu de la matinée. Il était plus de dix heures à ma montre. Dehors, on entendait jouer les enfants. Leurs rires frais me réjouissaient. C'est alors que j'eus une pensée pour mon frère. Le pauvre était resté loin de nous tout ce temps-là. Je me dégageai des bras de Shirley qui dormait encore. Il était tard, très tard. Personne en Himalaya n'aurait osé laissé filer un matin comme celui-là. Mais personne en Himalaya n'aurait osé déranger des étrangers. C'était leur matin à eux. Ils avaient le droit d'en faire ce qu'ils voulaient. Le droit de filer l'amour, le droit de tisser leurs rêves, de s'en faire des écharpes de bonheur, des drapeaux de prières.

En allant vers la porte, mon cœur se mit à battre la chamade. Pris d'un mauvais pressentiment, j'attrapai la poignée si fermement qu'elle me resta dans la main.

Je reçus le choc de ma vie. J'eus beau chercher, fouiller, me démener dans tous les sens, Jean n'était plus là. Ou bien il était parti de lui-même ? Ou bien on m'avait volé mon frère ? J'accusai tout le monde, et surtout Shirley. Sa curiosité morbide m'avait conduit à commettre toute une série de manipulations, qui confinaient à la profanation. Pour lui paraître plus intéressant, je m'étais servi de Jean comme d'un faire-valoir. Non seulement j'avais abusé des cendres de mon frère, mais, pire encore, je lui avais même piqué sa dernière conquête.

Hors de moi, et contre moi, je me fis une colère à la Jean, l'une de ces rages qui terrifiaient parfois ses amis. Les propriétaires du lodge en restèrent comme paralysés. Seuls les gosses continuaient à rire aux éclats, en shootant dans une espèce de boîte toute cabossée. Aveuglé par mon emportement, je n'avais pas remarqué immédiatement quel genre de ballon ils se renvoyaient. De toute manière, il était trop tard pour réparer le désastre. La boîte était ouverte, défoncée de partout. Jean avait été essaimé sur le terrain de jeu. Il reposait maintenant parmi les bouses et la poussière de ce village Magar. Nous étions encore loin du pays Sherpa, encore beaucoup plus loin du Tibet.

Ce matin-là, en perdant mon frère pour la seconde fois, j'étais le plus malheureux des hommes. Il me fallait reprendre le deuil et la route. Un enfant m'attendait. Dispersé, Jean n'était plus qu'immatérialité, mais il pesait encore très lourd. Je me promis alors d'accompagner son âme vagabonde. Où elle irait, j'irais, où elle resterait, je resterais.

CHAPITRE IV

Long est le chemin

Faire le tour du monde est un jeu d'enfant. Faire le tour de l'Himalaya fera de l'enfant un vieillard, et du vieillard, à nouveau, un enfant. Ainsi va la roue de l'existence...

Je suivis donc l'âme de Jean à travers ces collines labyrintiques parcourues de maigres rizières d'altitude et parsemées de plantations. D'autres n'étaient que forêts clairsemées, où l'on cultivait aussi le cannabis à l'abri des grands arbres. L'âme de Jean n'avait pas son pareil pour repérer les plants de chanvre indien. Il faut dire que les enfants s'en chargeaient également, et proposaient des sachets d'herbe pour trois fois rien.

Le long des sentiers, on vendait aussi des champignons hallucinogènes. Nombreux étaient les trekkeurs, retour des cimes, qui se laissaient tenter par les vertiges abyssaux. Il s'ensuivait pas mal de délires, de chutes, de fractures. Curieusement, les plus sages, ceux qui se réclamaient d'Henri Michaux et d'Antonin Artaud devenaient les plus fous. L'Anglaise, une lectrice de Thomas de Quincey, n'en était pas à son coup d'essai. Cette fois, mal remise de notre aventure, elle sombra dans une sorte de folie schizophrénique.

Comme d'autres filles s'occupaient d'elle, j'en profitai lâchement pour la semer. En réalité, l'âme de Jean ne tenait plus en place, et me tirait par la main. Frérot veillait peut-être sur moi ?

J'allai ainsi de lodge en lodge, toute une semaine avec Namché Bazar en ligne de mire. La ligne était évidemment tout ce qu'il y avait de plus courbe. Quant à la mire, j'y voyais toutes sortes de paysages et de gens mais, au soir du quatrième jour, je n'apercevais toujours pas les premières maisons de Namché Bazar. Je cheminais cahin-caha, et même cahin-KO, sans réussir à me dépêtrer de quelques traînards. Il y en avait qui étaient là depuis le début, tout aussi collants que les sangsues. D'autres auxquels j'emboîtais le pas, ou qui emboîtaient le mien. À ceux qui montaient, s'ajoutaient ceux qui descendaient. On se retrouvait pour la pose, autour des chautaras, sous un banyan qui semblait s'enraciner dans le ciel, comme dans la terre. Deux mondes allaient et venaient sans jamais échanger autre chose qu'un bref regard. Le regard n'était d'ailleurs pas toujours de mise, ni dans le monde des autochtones, ni dans celui des visiteurs. Il y avait des paysans qui se rendaient aux champs, ou qui en revenaient. Des porteurs chargés à mort, qui crachaient leur chique et leurs poumons. Des sirdars qui avançaient silencieusement en tête de leur groupe. D'autres qui fermaient la marche derrière les retardataires. Il y avait des brancadiers avec des éclopés. Des gamins qui réclamaient des bonbons, des stylos. Pas un village sans sa nuée de gosses, avec leurs « *hello* », leurs « *mitaï* », leurs « *pen* ». Pas un village sans son idiot. Pas un village sans son sadhou. Quelquefois, juste pour la joie de l'oreille, un gaîné râpait son instrument. Le son était aussi intouchable que le musicien. Intouchable, donc céleste. Quelquefois encore, on tombait sur une fête, un rituel religieux accompagné d'offrandes, avec ses tapis de fleurs et de fruits laissés là pour l'appétit des dieux. Il y avait des prières, des litanies, des accents de luth et de sitar. Tout n'était qu'harmonie, même le désordre. Tout était répété, régenté, même la méditation. Et qu'un étranger passe alors ici, il était aussitôt béni, le front marqué de la tika, ce point rouge de la chance.

Durant ces jours de crapahutage, j'eus ma part de porte-bonheur, ma part d'imprécations, ma part d'imprévus, ma part d'images tendres. En dehors de ces fêtes où l'étranger qui traverse le village est considéré comme un messager, moitié espion, moitié divinité, les gens se montraient parcimonieux de leurs sentiments. L'obligeance, la fraternité, j'allais les trouver quelques jours plus tard en pays Sherpa. Le peuple des montagnes est plus généreux que le peuple des collines. Peut-être parce que la nourriture manquait dans les collines ? Peut-être à cause des mauvaises récoltes ? De la faute aux méchants estomacs qui criaient misère de la naissance à la mort ? C'est que, contrairement au peuple des montagnes qui possède des pommes de terre et des troupeaux, des laitages, de la viande, celui des moyennes altitudes n'a d'autres ressources que de cultiver son cauchemar et d'y semer des songes d'espérance. Malgré une apparente luxuriance, la végétation est souvent vénéneuse et ne donne rien d'autre qu'une maigre cueillette. Comment pourrait-on attendre d'un affamé qu'il vous accueille affablement ? Bien entendu, le peuple des trekkeurs ne montrait guère plus de largesses que le peuple des collines, même s'il avait parfois quelques bontés, quelques attentions. Ça lui était facile de distribuer des crayons et des médicaments. Encore demandait-il des images en échange. Il lui fallait nourrir son autofocus ou son caméscope d'instants volés ou accordés.

Jean n'était pas de cette race. Quand il donnait, il donnait tout, et conservait le reste. Le reste du tout, c'était la menue monnaie. Jean avait inversé le geste. Au lieu de fouiller négligemment dans sa poche et d'en sortir une pièce, c'est la pièce qu'il conservait et il sortait les billets. Une grande action envers quelqu'un qui ne demande rien vaut mieux que mille petites actions envers ceux qui font métier de quémander. Mieux vaut éblouir celui qui ne s'y attend pas, que d'éclairer vaguement ceux qui attendent encore de la charité. Selon sa prope expression, Jean payait des coups de soleil et des coups au cœur, pas des coups à boire.

De ses échappées, de ses aventures dont il réchappait, Jean ne ramenait ni photos, ni vidéos. Il croyait davantage à la prise de conscience qu'à la prise de vue. Il savait aussi le pouvoir des photos sur les consciences. Néanmoins, Jean préférait embrasser les choses du regard, plutôt que de les cadrer dans un boîtier. Libre aux choses d'apparaître ou de disparaître. Jean éprouvait davantage de satisfaction à perdre une image rarissime, et même à la laisser filer, plutôt que de l'attraper en plein vol pour la restituer plus tard, ailleurs. C'était, bien sûr, une conception élitiste, mais Jean avait choisi les mots contre la photo. Avec les mots, il disait et il montrait. Et même quand le mot n'était pas le bon mot, il zoomait sur lui, le rapprochait au plus près, jusqu'à le déformer effrontément et lui inventer un autre sens.

Était-ce une fatalité ? Quelque chose d'écrit dans le ciel ? Était-ce le simple fait du hasard, ou bien, au contraire, étais-je pris dans le faisceau d'une mystérieuse force cosmogonique qui m'envoyait des signaux à dessein ? Devais-je absolument ne plus rien ignorer de Jean ? Ou bien s'ingéniait-on à m'embrouiller l'esprit en m'accablant de révélations ?

Plus je me rapprochais du pays Sherpa, plus on me prenait pour mon frère. Et chacun, alors, de me raconter comment il avait connu Jean, où ils avaient marché de compagnie, dans quel désert, quelle steppe, quelle circonstance.

C'était si fréquent, si précis, que je me croyais atteint d'une névrose obsessionnelle. Et quand il n'y avait personne à la halte du soir pour me parler de Jean, c'est moi qui tournais autour des groupes et provoquais leur curiosité, leurs questions.

Étrangement, je m'étais désintéressé de mon frère aîné toutes ces dernières années. Maintenant qu'il était mort, je ne supportais pas que le monde aille sans lui.

Au Népal, heureusement, le monde allait avec lui. Il allait même de jour en jour un peu mieux. Chaque jour effacé me rapprochait un peu plus de cet enfant pour lequel je m'étais mis en route. Ma mère, bien sûr, n'était pas dans le secret. Elle avait tué mon père en le gavant de ses bavardages. Elle lui avait sucé le suc, la graisse, pris le meilleur, dévoré le cœur et le foie. Entre elle et lui, il y avait eu une sorte de transfusion du savoir. Elle avait vampirisé son érudition, jusqu'à le laisser à moitié idiot, privé de mémoire et de pouvoir. Elle aurait été capable d'en faire autant avec le petit. Capable de le vider de sa substance, de le gober. Capable de le modifier génétiquement jusqu'à en faire le clone de son propre fils. Jean et moi-même n'avions échappé à ses griffes qu'en nous enfuyant très tôt de la maison.

L'irruption de ma mère en pays Sherpa aurait sans doute été l'une des plus graves catastrophes humanitaires. Quelque chose comme l'occupation chinoise au Tibet. Peut-être pire encore ? Certes, ma mère n'aurait pas détruit les monastères, ni déporté les lamas. Elle s'en serait seulement pris aux structures familiales, aux clans, aux relations prénuptiales, aux voies du mariage, au « *dem-chang* », aux pratiques polyandres et polygames, aux relations entre époux, entre parents et enfants. Bref, à mon sens, ma mère serait capable de gommer la spécificité de la civilisation sherpa pour imposer son mode de vie à elle. À cinquante-six ans, douée d'une vitalité sans pareille, ma mère aurait tôt fait d'endormir le peuple sherpa tout entier à quatre heures du matin, pour le réveiller au milieu de l'après-midi. Et même les bêtes, les troupeaux, les cultures, les coutumes, ne pourraient résister à cet ouragan. Car ma mère incarne aussi la séduction. Dévastatrice comme tous les barbares, elle peut faire preuve de raffinement. Comme tous les êtres raffinés et cultivés, elle peut sombrer dans la barbarie.

Cette fois, j'avais pris soin de la laisser en dehors de ce qui m'amenait vraiment en pays Sherpa. Pour elle, j'étais parti disperser les cendres de Jean en Himalaya. L'Himalaya, elle pensait que c'était un tout, une masse compacte facile à situer. J'avais cru, comme elle, à cet Himalaya des atlas, pas plus long qu'un doigt sur la carte. Depuis que je m'y trouvais, le doigt avait pris la dimension d'un bras, tout un univers qui s'étirait du Pakistan au Tibet, et englobait dans ses hauteurs vertigineuses l'Inde, le Népal, le Sikkim, le Bhoutan, le Ladakh, le Zanskar. Faire le tour du monde est un jeu d'enfant. Faire le tour de l'Himalaya fera de l'enfant un vieillard et du vieillard, à nouveau, un enfant. Ainsi va la roue de l'existence...

Je m'arrêtai pour la nuit dans un drôle d'endroit, où bivouaquaient pêle-mêle alpinistes et soldats, trekkeurs et errants. Il y avait aussi des vagabonds, des prêtres et des moinillons, des gens du pays, des terrassiers, des bûcherons, des porteurs de cadavres, des ramasseurs de débris. Ici, aucun bâti, rien en dur ni en bambou. Tout le monde s'abritait sous des tentes. Les unes étaient confortables et bien alignées. Les autres bouts de toile et papiers goudronnés arrimés à des piquets. Il y avait aussi des morceaux de carlingue. De la tôle, de l'acier, des sièges avec leur ceinture de sécurité, des morceaux d'hélice, des moteurs explosés.

Quelques minutes après le décollage de Lukla, l'avion avait percuté cet étroit promontoir. Sans doute était-ce la faute du brouillard ? Une erreur humaine ? La volonté de Dieu ? Cette petite compagnie privée était moins fiable que la Royal Air Nepal. Elle ne tournait d'ailleurs que pour absorber le trop-plein de touristes. On en comptait dix-sept à bord, et deux membres d'équipage. Saura-t-on un jour pourquoi les équipages se comptent en membres et non pas en êtres humains ? De fait, juste après le crash, une flopée de membres s'était répandue un peu partout. Disloqués, les touristes s'étaient éparpillés à la ronde, si bien que, une semaine après cette calamité, on recherchait encore quelques mains, quelques pieds, quelques jambes. Les bagages, eux, avaient été pillés dans l'heure qui suivit l'accident. Tout ce qui pouvait améliorer l'ordinaire des populations avait disparu, comme avaient disparu l'argent, les bijoux, et les médicaments.

Arrivés sur place en hélicoptère, les Gurkhas avaient chassé les pillards et regroupé ce qui pouvait encore être sauvé. Depuis, les soldats étaient toujours là, leurs impressionnants khukris suspendus à la ceinture. Et, autour de ces Gurkhas, ces militaires d'élite formés à l'anglaise, des passants s'étaient agglutinés. Il en venait encore un peu plus chaque soir. Les uns en pèlerinage, les autres en curieux. D'autres encore, des trekkeurs, des alpinistes, faisaient des détours pour se recueillir sur les lieux de la tragédie. Dix-sept d'entre eux avaient achevé ici leur ultime ascension. Cette fin valait bien un coup de chapeau. L'hommage ne s'arrêtait pas là. De partout, on voyait les lueurs des lampes frontales, les flammèches vacillantes de bougies et de briquets. Cela donnait au site un air de concert pop. Il ne manquait peut-être que la trépidation, la frénésie. Les deux gaînés centenaires qui grattaient leur saranghi faisaient planer juste ce qu'il fallait de tristesse et d'émotion. Le gémissement de la viole, pour primitifs que fussent ces instruments, pénétrait la peau jusqu'à donner la chair de poule. Nous étions loin, très loin, du rugissement des guitares électriques, ce qui n'empêchait pas certaines filles de se déhancher outrageusement. Tout le monde n'a pas la même chair, ni la même perception des choses.

C'est alors que j'aperçus Shirley. Je me demandais comment elle était arrivée là, avant moi, et par où elle avait bien pu passer ? Sans doute avait-elle brûlé une étape pour me rattraper. Quand, à son tour, elle me vit, elle courut vers moi et s'écria :

– C'est incroyable, tu sais. Il y a là-bas un type qui connaît très bien ton frère !

Elle était toujours aussi accrochée à Jean. Toujours à notre affût, comme si sa propre vie n'existait pas. D'elle, je ne savais toujours presque rien, sinon qu'elle se rendait au monastère de Tyamgboche, dans l'espoir d'y faire une retraite. Tyamgboche, c'était le dernier endroit à la mode pour les fanas de la méditation. Néanmoins, Shirley ne me paraissait guère préparée à la transcendance mentale. Elle était bien plus dérangée par ses sens qu'apaisée par les dieux.

L'homme que me présenta Shirley était israélien. L'un des rares juifs à avoir conquis l'Everest. Parvenu au sommet, il avait abandonné le bonnet pour la kipa, s'équipant des tefillin et du châle de prières. Ainsi revêtu, il ne lui restait plus qu'à déployer le drapeau bleu et blanc frappé de l'Étoile de David. La photo de ce juif religieux juché sur le Toit du

Monde avait fait le tour de la terre. Les uns y voyaient une monstrueuse arrogance, une victoire du sionisme, un défi envers le peuple palestinien. Les autres acclamaient cette prouesse purement sportive. D'autres encore ne manquaient pas de souligner qu'Israël s'était attaqué ici au monopole européen des plus de huit mille mètres. En effet, jusqu'alors, il n'y avait eu en Himalaya que des Anglo-Saxons, des Français et des Polonais, une sorte de cartel de l'Everest pour se partager le Chomolungma, le K2, l'Annapurna, le Lhotse, le Cho-Oyu, le Makalu, le Manaslu, le Kangchenjunga. Sans doute y avait-il des juifs parmi ces intrépides alpinistes européens, mais le retentissant succès de Nathan Ben Avram mettait fin à la suprématie européenne et néo-zélandaise en matière d'himalayisme.

En 1982, on murmurait qu'Ariel Sharon et Menahem Begin s'étaient engagés dans cet exploit sportif pour apporter un peu d'oxygène à l'État hébreu qui s'enlisait au Liban dans l'opération Paix en Galilée.

Je me rappelais parfaitement cette photo qui avait fait la une des magazines. Reconnaître le héros était moins facile. Il avait pris de l'âge et avait quitté les vêtements rituels.

Plus que tous les précédents, l'homme avait marqué la surprise, à croire que je ressemblais chaque jour un peu plus à Jean. Peut-être était-ce son sourire qui venait à mes lèvres ? Peut-être était-ce son âme qui déteignait sur la mienne ?

L'Israélien m'éclairait avec sa frontale. Ébloui, je mis la main devant mes yeux. Tout de suite, il s'excusa :

– Pardonnez-moi, j'ai cru avoir une vision, à laquelle se rattachent d'ailleurs autant de bons souvenirs que de mauvais. Laissez-moi d'abord vous dire combien je participe à votre chagrin. Les assassins du Caire ont tué un juste. Savez-vous que j'ai été au cachot avec votre frère ?

Peu sûr de mon anglais, je l'interrompis :

– Au cachot, vous voulez dire en prison ?

– Pas vraiment. Il s'agissait d'un endroit où la police secrète égyptienne retenait ceux qu'elle considérait comme suspects.

C'était à mon tour de marquer la surprise :

– En Égypte ? Mais quand cela, en Égypte ?

– Il y a trois ans.

Je me montrai catégorique :

– Il y a trois ans, ce n'est pas possible ! Jean était au Groenland avec Greenpeace.

– Exactement. Il en revenait. Figurez-vous que les choses ne s'étaient pas déroulées comme il le souhaitait. Outre les accrochages assez sérieux entre les écologistes et la marine, dont il s'est sorti avec quelques blessures, il souffrait d'une vilaine pneumonie. Rapatrié sur Copenhague, on lui avait conseillé un climat chaud et sec. C'est ainsi qu'un jour votre frère a débarqué à Eilat.

– À Eilat ? En Israël ?

– Oui, il est passé directement de la banquise à

nos fameuses falaises rouges. À Eilat, il logeait dans une Maison de la Nature, un de ces établissements réservés aux amoureux du désert, aux amateurs de grands espaces. Vous savez, Israël est un tout petit pays, mais le Neguev est un désert d'infinis. Et puis, de l'autre côté d'Eilat, s'étend le Sinaï qui est comme une réponse au Néguev. Au sable, au grès, au gypse succèdent la rocaille noire, le granit rose, les montagnes bleues, les oasis verdoyantes.

Je me demandais où l'homme voulait en venir. Il me donna la réponse lui-même :

– Je travaillais dans cette Maison de la Nature. En tant qu'himalayiste chevronné, je jouissais d'un grand prestige et bien des gens, bien des groupes faisaient appel à moi pour préparer leurs excursions ou leurs expéditions au Sinaï. Nous avions rendu cette terre biblique à l'Égypte, après l'avoir annexée au cours de la guerre des Six Jours. Évidemment, j'en connaissais les moindres recoins par cœur, et je bénéficiais de la confiance des tribus tarabin et djebellia, lesquelles s'étaient fort bien accommodées de l'occupation israélienne. En réalité, les Bédouins du Sinaï s'entendent mieux avec le peuple de Moïse qu'avec le peuple des pharaons.

« Sitôt guéri, votre frère m'a fait savoir qu'il désirait s'attacher mes services pour effectuer une traversée du Sinaï hors des sentiers battus. J'avais déjà eu l'occasion de marcher avec lui quelques jours auparavant. J'avais apprécié son style, son humour. Certes, il n'était pas encore au mieux de sa forme, mais il récupérait si vite que j'ai accédé à ses désirs. Je vous passe les demandes de visas, les paperasseries de toutes sortes. En revanche, je ne passe pas sur mon salaire dérisoire. Disons que je n'étais pas payé à mon vrai tarif. Rendez-vous compte, gravir le mont Sinaï sous la conduite d'un conquérant de l'Everest, ça valait au moins deux mille dollars ! Votre frère m'en a royalement allongé cinq cents. En réalité, je ne sais toujours pas pourquoi j'ai accepté ! Peut-être était-ce à cause de son sourire, de sa bonne tête ? À cause de ce rayonnement qui émanait de sa personne ? D'ailleurs, plus je vous regarde, plus vous me faites penser à Jean. Vous possédez tous deux cette lumière intérieure qui fait de certains êtres des hommes phares, des prophètes... »

Le compliment m'embarrassa. Nul, jusqu'alors, ne m'avait vu éclairant quoi que ce soit. Mon épouse, elle, m'avait plutôt vu dans le brouillard, et ma mère, dans les choux. Pour elle, je n'étais qu'un petit prof de maths, un HEM de banlieue, un Homme d'Envergure Modérée. Elle avait misé sur Jean. Moi, elle m'avait remisé.

Gêné par l'emphase du bonhomme, je refusai la comparaison :

– S'il vous plaît, ce n'est pas la peine d'en remettre. Ne me prêtez pas d'auréole. Cela peut faire des taches.

Le type ne me comprit pas. Et ça n'était pas plus mal. Il était imbu de sa personne, mais n'en admirait pas moins mon frère. Et Jean, bien entendu, ne cessait de m'épater. Ici encore, où la mort était tombée du ciel comme la foudre, il était avec nous, parmi les vivants, et les survivants. Il était devant toutes les tentes, devant tous les abris. Il était de toutes les bougies, de tous les briquets, de tous les feux. Et pendant que l'Israélien poursuivait son récit, j'eus l'impression que l'âme de mon frère reprenait possession de son corps. Je suivais moi-même, dans mon corps et mon âme, les péripéties de son voyage semé d'embûches.

Jean et Nathan avaient franchi la frontière égyptienne à Taba. Tout s'était correctement passé. Lourdement chargés, ils s'étaient écartés de la route pour se faufiler à travers d'impressionnants canyons. Ils se croyaient libres et allaient donc d'un pas assuré dans ces gorges sombres qu'avaient jadis empruntées Moïse et les siens. Elles étaient encore jonchées de silex taillés et de pointes de flèches néolithiques. Tout à son affaire, Jean n'avait vu que ce qu'il voulait voir. Il s'était préparé pour accomplir une marche prophétique, et n'avait cure des carcasses de blindés, des fûts rouillés, des pneus éclatés éparpillés un peu partout. Ça, c'était de l'histoire récente, pas de l'histoire ancienne. Trés vite, pourtant, Jean avait dû s'apercevoir qu'il était aussi éprouvant de marcher dans le Sinaï de Moubarak que dans le Sinaï de Pharaon. Partout la méfiance. Partout la traque. Partout la haine. Toutes les heures un contrôle, une patrouille. Tantôt l'armée égyptienne, tantôt la FINUL. Tantôt une casemate, tantôt un hélicoptère. Et chaque fois, il fallait sortir ses papiers, s'expliquer, se justifier. Nathan avait averti Jean, mais Jean n'était pas du genre à s'en laisser conter. Jean voulait connaître par lui-même la difficulté à parcourir pacifiquement une terre biblique. Jean n'était pas non plus du genre à subir. Il était là pour l'exaltation, pas pour l'humiliation.

Au soir du premier jour, il avait suivi les conseils de Nathan. Et les deux hommes, le guide et le pèlerin, avaient abandonné la piste autorisée pour s'évanouir dans la montagne. Pris en charge par les Bédouins tarabin, ils avaient échappé aux radars et aux patrouilles, allant ainsi de dédales en dédales, de crêtes en ravines, de caches en caches. C'était un jeu que Nathan pratiquait quelquefois, lorsqu'on l'envoyait en mission du côté de Sainte-Catherine s'assurer de la fidélité des djebellias. Ceux-ci informaient volontiers les Israéliens sur les positions égyptiennes et les travaux de défense entrepris dans cette zone démilitarisée. Depuis Moïse, rien n'avait vraiment changé, sauf que cette fois-ci les Hébreux étaient entrés en force pour repartir en douceur. Le pain avait eu le temps de lever, et les Bédouins de se soulever. Onze ans après la restitution du Sinaï par l'État Juif, les Bédouins vivaient encore dans la crainte de la répression. Celle de 1982 avait été sanglante. À peine Tsahal s'était-elle retirée du pays que les sections spéciales égyptiennes avaient mis les nomades en coupe réglée.

Moins d'une semaine après leur disparition, Nathan et Jean, tous deux vêtus à la bédouine, avaient émergé de la clandestinité et gagné le sommet du mont Sinaï. Tout autour d'eux, et du plus loin que l'horizon le permettait, ce n'était qu'une dentelle de crêtes et de dômes qui mêlait les roses, les pourpres, les ors et les gris bleutés. La beauté, la sérénité coupaient le souffle bien davantage que les altitudes himalayennes. Pour un peu, Jean aurait eu besoin d'oxygène. La gorge sèche, les poumons en feu, il était resté éberlué, sonné, comme si on lui avait remis soudainement les Tables de la Loi entre les mains.

Fasciné par les étendues sans cesse peintes et repeintes au subtil jeu des lumières décroissantes, les deux hommes étaient restés là-haut plus longtemps qu'ils ne l'auraient dû. Ils avaient contemplé et médité à satiété, sans même s'apercevoir qu'ils étaient la proie d'insidieuses hallucinations. C'est que le désert, un moment ou l'autre, distille autant de poison que d'ivresse. La fatigue et les privations aidant, vient l'instant où l'on ne sait plus qui est l'un, qui est l'autre. Tout en bas, à leurs pieds, s'étirait la vaste cuvette encore nommée Plaine des Juifs. C'est là que le peuple de Moïse s'était regroupé tandis que le prophète commençait son escalade divine. Et, dans un coin de cette immense nappe de sable déjà à moitié prise par l'ombre, attendait

Ibrahim, le djebellia qui avait pris le relais des Tarabins.

Jean et Nathan avaient suivi le jeune Bédouin. Ils allaient à toute vitesse, en calquant leur rythme sur le trot du chameau. C'était une course folle, car il leur fallait contourner le village de Sainte-Catherine, et éviter à tout prix les abords du couvent qu'ils savaient surveillé. Au milieu de la nuit, ils étaient enfin arrivés dans la famille de leur guide.

Pour Jean et Nathan, la marche s'arrêtait là. Désormais, ils pouvaient regagner Israël. Encore devaient-ils se faire conduire jusqu'à la frontière. Au matin, Ibrahim avait troqué sa monture contre un vieux 4 x 4 délabré, le genre de caisse que se permettent les Bédouins dans la zone où il leur est permis de circuler. Au-delà de cette limite, il fallait un laissez-passer spécial. Ibrahim en possédait un, qu'il tenait d'un oncle, lequel oncle le tenait d'un de ses fils qui travaillait comme gratte-papier au commissariat central de Sainte-Catherine.

Ainsi s'étaient-ils mis en route en direction d'El-Arich, ville égyptienne située non loin de la bande de Gaza. C'était le choix de Nathan. Ça n'était pas, et de loin, le plus court chemin pour Eilat, mais la prudence lui recommandait de ne pas se montrer du côté de la mer Rouge.

C'était sans compter avec les barrages et les patrouilles. Chaque fois, il fallait présenter ses papiers, s'expliquer, justifier la présence du Bédouin, dispenser des bakchichs. Plus ils s'étaient approchés d'El-Arich, plus les contrôles étaient devenus sévères. Naturellement, ce qui devait arriver arriva. Des policiers plus zélés s'étaient aperçus que le permis de circulation délivré à Sainte-Catherine était un faux. Dès lors, les deux touristes embarqués par le Bédouin semblaient eux aussi éminemment suspects. Les flics commencèrent par rosser Ibrahim. Et quand les étrangers s'interposèrent, ils reçurent à leur tour une volée de coups. Mitraillettes dans le dos, on les fit monter dans un fourgon cellulaire. Là, il y eut d'autres coups. On cassa le nez d'Ibrahim, on lui tapa dans les parties. Et Nathan, qui parlait l'arabe, s'évertua en vain à innocenter le jeune homme. Rien n'y fit. Les autres ne voulaient pas entendre. Le mensonge, la vérité, ils s'en foutaient. Ils avaient mis la main sur deux espions israéliens et leur complice djebellia. Et ils n'en démordaient pas.

À El-Arich, on les avait jetés dans un cachot nauséabond. Il faisait frais, presque froid. À l'odeur écœurante, soudain, étaient venus se mêler des cris de terreur. On torturait Ibrahim dans une cellule voisine. C'était insupportable. Jean s'était mis à crier lui aussi. Il avait piqué une telle colère contre les bourreaux qu'une espèce de colosse était entrée pour le matraquer. Nathan s'en était mêlé, si bien que la brute avait dû réclamer des renforts.

Assommés, laissés pour compte, les deux « espions » n'avaient plus entendu les hurlements d'Ibrahim. Le lendemain matin, à côté, tout était calme. Ou bien on avait déménagé le Bédouin. Ou bien il était mort. Les jours qui suivirent, il y avait eu plusieurs interrogatoires. Des paroles aimables, presque douces. D'autres sèches, violentes. Les flics de la Sécurité voyaient des espions partout, au coin de la rue et du désert. Partout, et jusque dans leurs bureaux. La logique voulait que tous les espions soient juifs, et tous les juifs des espions. Comme pour leur donner raison, Jean, tout à coup, se réclama membre à part entière d'une diaspora juive dispersée. L'Israélien ne s'en était pas douté. Il est vrai que son compagnon n'était guère enclin aux confidences.

Pour l'heure, dans cette pièce dénudée où on les bousculait brutalement, le nom de famille de Jean sonnait juste. Mais il existait certainement autant de Scheller juifs que de Scheller non juifs. Nathan n'était pas convaincu des origines qu'affichait son ami.

Le prisonnier n'avouant toujours pas ce qu'ils avaient bien pu comploter au Sinaï, les flics changèrent de méthode. Ils passèrent à l'intimidation, aux menaces. Mieux valait reconnaître sa faute et encourir une lourde peine de prison plutôt que de finir coupé en petits morceaux sur la plage ou dans un coin du désert. Il y avait fort à parier qu'on maquillerait le meurtre en crime crapuleux. Les Israéliens n'y verraient que du feu.

On les accusait d'espionnage, eux qui n'avaient été à l'affût que de leurs propres sentiments, que de leurs émois. Ils n'avaient fait que marcher librement pour filer plus à l'aise.

On les avait réveillés brutalement et traînés dans une courette.

Placés dos au mur, ils regardaient les soldats armer leurs fusils. Ceux-ci ne faisaient peut-être que mimer l'exécution. Mais pour les deux hommes, la mort était au bout des canons. C'est alors que Jean avait eu un geste surprenant. Quelque chose venu du fond de lui-même, du fond des années. Un geste qu'il n'avait pas accompli depuis l'enfance. Devant l'ultime péril, Jean s'était signé. Il avait remis sa vie à la garde du Père, du Fils, et du Saint Esprit. Et cette confiance subite en la Trinité les avait sauvés tous les deux. Le miracle avait engendré le miracle. Miracle du geste ! Miracle de la mémoire ! Miracle toujours : de mémoire de flic égyptien, on n'avait pas encore vu un seul juif se signer...

Je savais à présent pourquoi Jean était retourné en Égypte. Il était allé arracher la grâce d'Ibrahim, toujours emprisonné, auprès d'un haut dignitaire du régime. Étrange arrangement du sort, le Bédouin qu'il s'était juré de sortir de prison lui avait survécu.

Ainsi était mon frère. Ainsi voulait-il, je le suppose, m'en apprendre chaque jour un peu plus sur lui comme pour se punir de s'être désintéressé de moi. Où que j'aille, semblait-il, quelqu'un m'attendait avec son bouquet d'images, sa brassée de souvenirs. Jean revivait à chacune de mes étapes. C'était comme une résurrection, comme si mon frère était réincarné en pierres, en sentiers, en haltes, en mémoires. Où que j'aille, il était déjà là, dans un lieu, dans un être, ou un autre. Mais Jean était aussi en moi, parfois plus lourd ou plus léger que jamais. Exigeant, il n'hésitait ni à me punir, ni à me récompenser. Je finis par croire qu'il était capable de retarder ma marche. Quand je n'en pouvais plus d'écouter ceux qui m'interpellaient parce qu'ils nous confondaient, les éléments se déchaînaient. N'était-ce pas Jean qui déclenchait des déluges, soufflait des tempêtes, dressait devant moi des obstacles insurmontables ? Lorsque je m'accommodais des désastres et des embûches, c'était mon corps qui s'effondrait en défaillances subites, en fatigues si extrêmes qu'il m'obligeait à demeurer exsangue en un lieu où de nouveau quelqu'un, lui-même peut-être, reprenait la litanie de ses prouesses. C'était un harcèlement ininterrompu, un flot d'admiration qui me faisaient redouter la noyade ! Plus j'avançais, moins j'existais. J'étais à la merci de mon frère, à son service, pareil à un disciple. Mieux, ou pire : pareil à un esclave. Rien pourtant ne me faisait dévier de ma route. Une route au bout de laquelle il y avait l'enfant de Jean. Sur le simple appel d'un guide de Chamonix, j'avais quitté Paris pour rencontrer ce petit Sherpa aux cheveux rouges. Le guide avait cru parler à Jean parce que Jean, bien entendu, s'était bien gardé de lui parler de moi. Étais-je trop sage, trop conventionnel, pour mériter un frère rebelle ? Après avoir enduré autant d'épreuves, devais-je comprendre que j'allais chercher auprès du fils ce que le père m'avait refusé ? L'idée ne me plaisait guère. L'enfant n'est pas responsable de son géniteur. De plus je n'étais pas certain de l'existence de l'enfant et tout aussi incertain de la paternité qu'on lui avait attribuée. J'étais parti en coup de vent, sur un coup de tête, sur un coup de fil. En un rien de temps, j'avais organisé mon voyage, et jeté ma vie aux pieds de ce môme. Certes, le voyage concernait aussi mon frère, qui partait avec moi dans sa boîte à cendres. Le geste était louable, car j'en avais fait un geste d'amour. Depuis, on m'en avait tant dit, tant raconté sur ce frère que mes sentiments, bien que teintés d'un peu de regrets – et peut-être même d'un peu d'amertume –, étaient au plus haut. Mon frère était ma figure de proue, mon phare du large. Il m'ouvrait le chemin, et me désignait des horizons que mes seuls yeux n'auraient pu voir. J'avais porté Jean sur mon dos à l'autre bout du monde. Lui, au fil des jours et des récits, m'avait entraîné dans un monde que je ne soupçonnais pas. En un temps record, Jean m'avait insufflé la force, l'excitation, le sens du délire. C'est ainsi, dans cette disposition d'esprit, dans cet état euphorique, que j'aperçus les premières maisons de Namché Bazar.

CHAPITRE V

Namché Bazar

Au lodge des Français, les jours s'écoulaient tranquillement. Plus exactement, j'y coulais des jours heureux et sans histoire. Enfin, sans autre histoire majeure que celle de ma double existence...

Au départ de Paris, Namché Bazar me paraissait une sorte d'impasse du bout du monde. À présent, Namché prenait des allures de grande capitale. Avec ses mille quatre cent trente habitants, et ses maisons en espaliers, qui s'étageaient à flanc de montagne, Namché était même synonyme de bonheur infini. Quand j'y arrivai, la plus grande partie du village était déjà dans l'ombre, comme fondue dans la masse du rocher. Seuls quelques toits, mieux exposés, recevaient encore les derniers rayons du soleil.

J'allai naturellement au plus clair du bourg. Et en quelques secondes, toutes les maisons furent prises par la nuit. Celle-ci était tombée d'un coup, en déroulant son épais voile de brume noire. Bientôt, une myriade de petites lueurs se mirent à vaciller dans l'obscurité. Le garçon était quelque part parmi ces lumières. Il ne me restait plus qu'à choisir la bonne, au hasard de mes pas.

Nombreux, les lodges ne se distinguaient guère les uns des autres. À quelques exceptions près, les plus confortables étaient de construction récente, avec chambres et dortoir à l'étage. Ceux-ci affichaient complet. C'est que Namché Bazar est sur la route du fameux monastère de Tyamgboche, d'où l'on découvre des massifs qui invitent à l'exploit comme à la méditation : le Lhoste, le Nuptse, le Kangtega, l'Everest bien sûr, mais, encore plus sacré et inaccessible, parce que interdit d'escalade, l'Ama-Dablam. Un nom qui mélange l'âme et le blâme. Une montagne de respect.

Namché, c'est aussi sur le chemin du camp de base de l'Everest. Là encore, un lieu de pèlerinage que l'on atteint en dix ou douze jours. C'est à Namché que l'on achète les derniers petits riens qui font un plus et aideront au surpassement. C'est encore sur Namché que déferlent, au retour, les conquérants des cimes pour fêter leur victoire ou pour tenter d'y noyer quelque amère tragédie dans le tchang. À Namché, chaque expédition, chaque nation a ses affinités, ses habitudes, ses bonnes adresses : les Allemands avec les Allemands, les Anglais avec les Anglais, les Japonais avec les Japonais.

On me refoula gentiment de plusieurs guest houses, et je commençais à désespérer de pouvoir me loger quand une vieille femme m'indiqua le lodge des Français. Elle passa devant moi pour me montrer le chemin, puis se ravisa brusquement. Le regard ridé, mais encore malicieux, elle me charriait. Je crois qu'elle m'accusait, aimablement de la prendre pour une idiote : « Le lodge des Français ? Quel coquin ! Quel filou j'étais ! Non mais, pourquoi faisais-je semblant d'ignorer une maison où l'on m'avait déjà accueilli ? »

Le sens de ces propos relevait de ma pure interprétation. Toutefois, en me rendant vers le lodge des Français, j'eus l'impression que les villageois m'adressaient des sourires, des salutations. À n'en pas douter, là encore, et bien que onze années se fussent écoulées entre nos deux voyages, il y avait une réelle ressemblance entre le Jean d'hier et l'Alexandre d'aujourd'hui, à croire que le temps s'était figé sur nos visages.

À Namché, le temps ne passe pas. Il reste. Et même, il s'arrête. Il dit bonjour, il discute, il se régale de grands verres de tchang. La bière d'orge de Namché est incomparable. Sa renommée s'étend bien au-delà du pays Sherpa et nombreux sont les marchands tibétains en déplacement au Khumbu qui oublient de repartir. Alors, tranquillement, ils boivent le temps, et se laissent absorber par lui.

Le cœur battant, je marquai une pose devant le lodge des Français. Ce n'était pas le plus confortable, ni le plus moderne. Néanmoins, il respirait l'authenticité. Coiffé d'une toiture plate en planches et en pierres qui avait souffert de bien des hivers, le batiment principal était protégé d'un double alignement de murets qui servaient d'enclos à une paire de yaks.

Il fallait passer entre deux de ces murets pour gagner l'entrée de l'hôtel, une sorte d'allée assez mal empierrée qui évitait tout de même aux clients de patauger dans la bouillasse et les flaques de purin.

Étreint par l'émotion, je dus reprendre mon souffle avant de pousser la porte. J'en avais le pressentiment. L'enfant des montagnes ne pouvait habiter une autre maison. Instinctivement, je me recoiffai, puis j'arrangeai ma tenue. La porte donnait sur un vestibule encombré de chaussures et de sacs à dos. On entendait des gens à l'étage. Ils parlaient fort, avec l'accent du Midi.

Comme tout le dortoir allait bientôt descendre pour dîner, je rassemblai mon courage et entrai dans la salle commune. Un couple déjà attablé mangeait à la lueur d'une bougie. Non loin d'eux, dans une vaste pièce, parcimonieusement éclairée, des silhouettes de femmes s'affairaient autour d'un poêle. L'une d'elles portait son bébé sur le dos. Non loin, se tenaient d'autres enfants, plus âgés, déjà des écoliers. Assis derrière un pupitre, ils révisaient leurs devoirs. D'un seul coup d'œil, je compris que le petit n'y était pas. On y voyait suffisamment pour distinguer les visages. Ceux-ci, avec leurs yeux en amande et leurs pommettes saillantes, ne faisaient pas mentir la race.

Étrangement, je me sentis soulagé. Bon, je n'étais pas tombé du premier coup sur le fils de mon frère, eh bien tant mieux ! J'allais profiter de ce répit pour l'aborder plus sereinement.

Soudain, il y eut une sorte de remue-ménage auprès du poêle. Les femmes qui venaient de me remarquer s'agitaient en chuchotant à l'oreille de la plus jeune. Celle-ci ne me quittait pas des yeux. Elle était visiblement dans tous ses états, manifestant autant d'émoi que de surprise. Le plus étonnant, c'est que j'eus alors, au même moment, l'absolue certitude de retrouver un être cher. Pour un peu, je me serais précipité, les bras grands ouverts. Je dus faire un effort pour me contenir.

Elle s'avança vers moi, sans cesser de me scruter. Elle souriait comme pour parer un mauvais coup du destin, une façon aimable de conjurer le sort, mais le sort, déjà, était jeté.

Tandis que je lui demandais, dans un mauvais anglais, s'il restait une chambre libre, elle me salua en joignant ses deux mains sur la poitrine. Ça n'était pas vraiment un geste sherpa, plutôt une politesse à la Newar, mais je n'eus guère le loisir de m'en étonner, tant sa question me désarma :

– Pourquoi n'es-tu pas revenu avec le printemps, comme tu me l'avais promis ? Je t'ai attendu tous les ans à la belle saison. Et puis aussi à celle des moissons d'orge, quand la terre est encore tendre.

Elle me regarda droit dans les yeux, avant d'ajouter :

– Que penses-tu de mon français ? Est-il convenable ?

Pris de cours, je ne sus pas quoi répondre, ni

comment lui expliquer que je n'étais pas Jean. Elle me voyait tel que mon frère lui était apparu des années auparavant. En plus, ce jour-là, je portais son treillis, ses souliers, son sac à dos.

Le pire, ou le meilleur, peut-être, c'est que Jean s'était réincarné en moi, et que nos deux âmes, à présent, ne faisaient qu'une. Du moins le pensais-je. Nous étions semblables, et pourtant encore si différents. Les autres femmes avaient à leur tour abandonné la cuisine, pour venir me complimenter. Toutes me palpaient, me touchaient, et jacassaient à qui mieux mieux dans une joyeuse atmosphère de retrouvailles.

Comme on félicitait aussi chaleureusement mon éphémère épouse, je finis par apprendre son prénom. Elle s'appelait Khami. Et Khami, ma foi, à vingt-sept ans, était encore rudement jolie. Dans son dos, il y avait un enfant, son dernier-né, sans doute ? Je feignis de ne pas m'en apercevoir pour mieux contempler le gracieux visage de celle qui m'accueillait si naturellement. Les yeux rieurs, le front ceint d'un bandeau de tresses, elle laissait voir des dents éclatantes de blancheur, et deux adorables fossettes aux commissures des lèvres. On lisait le plaisir, la gaieté dans son regard, quelque chose de diffus et de contagieux. De sa personne, il émanait un fort appétit de vivre, une délicieuse invitation à la gourmandise. Ce n'était peut-être qu'une illusion, l'un de ces mirages de glacier qui nous éblouit jusqu'à nous rendre aveugle. Néanmoins, je me sentais déjà atteint au plus profond de moi par cette candeur des sens qui se confond avec l'innocence. Jamais depuis mon divorce je n'avais ressenti pareille attirance, semblable trouble. Et j'étais là, tout retourné, tout secoué, à juguler mon émotion quand le groupe des Français déboula du dortoir en réclamant son dîner. Aussitôt, les femmes regagnèrent leur fourneau. Khami m'indiqua ma place, et vint me servir. J'occupais une table à l'écart des autres, et j'apercevais, derrière les carreaux embués, les rares lumières de Namché qui brillaient encore.

Au menu, il y avait de la tsampa d'orge, et des raviolis fourrés à la viande. En extra, j'eus droit au met préféré de Jean : des frites. Mais oui, de vraies frites, généreusement découpées dans les pommes de terre du pays.

Tout en dînant, j'observais Khami. Elle allait, silencieuse, discrète, de convive en convive, avec les plats et les boissons. Elle effleurait le dallage de ses bottes de feutre noir à parements verts. On aurait dit qu'elle volait, qu'elle planait. Indifférente au bruit, aux autres, elle m'avait tout de même à l'œil. Je ne saurais dire encore aujourd'hui si elle me surveillait à la dérobée pour accourir au moindre signe. Ou pour mieux me détailler ? Ou pour mieux m'examiner ? Quelquefois, son sourire disparaissait et ses yeux s'assombrissaient. D'autres fois, voyant que je la surprenais, elle me rassurait aussitôt d'une prévenance, et s'épanouissait à nouveau. Dans son dos, calé sur les reins, retenu d'une large ceinture rouge, le bébé dormait d'un sommeil de poupée.

C'était assurément un vrai Sherpa, un nourrisson de quelques mois.

J'avais bien des choses à apprendre de Khami. Bien des choses à découvrir des mœurs et des rapports qui régissent l'existence des Sherpanis et des Sherpas. Je ne savais pas encore qu'à Namché sexe et sentiments se vivent harmonieusement et dans la plus grande originalité. Tout est ordonnancé et moralisé, y compris l'adultère.

Khami était-elle mariée ? Divorcée ? Polygame ? Était-elle la femme d'un seul homme ou de plusieurs ? Avait-elle été rejetée par les siens après le passage de mon frère ? Je me posais bien des questions sur elle et bien d'autres à propos de ce garçon aux cheveux rouges que je n'avais toujours pas rencontré. Le petit était-il dans une autre maison ? Chez des copains ? Au temple, chez les moines ? Peut-être était-il parti en expédition avec les hommes de la maison ? Impatient, je guettais la porte d'entrée, sursautant chaque fois qu'elle s'ouvrait. Il y avait des tas de gens qui défilaient : des Français, des himalayistes, des trekkeurs, mais également des êtres venus d'ailleurs, des zombis, des vagabonds. À vrai dire, je redoutais autant l'arrivée de Shirley que j'espérais celle d'Hima. Shirley, c'était une casseuse, une violeuse d'intimité. Si elle n'était pas dans la confidence, car elle ignorait le véritable motif de mon voyage au Népal, en revanche elle en savait assez sur Jean et moi pour rétablir cruellement la vérité. Je ne me sentais ni assez faible, ni assez costaud, ni assez honnête, ni assez malhonnête pour revenir en arrière et décevoir Khami. En vérité, j'étais porté par mon frère, littéralement supporté et jeté, par lui, dans une situation dont on eût dit qu'il l'avait préparée de longue date. C'était à moi, maintenant, de prendre la relève.

Le repas terminé, Khami dénoua sa ceinture et confia le bébé à une autre femme. Le petit s'était mis à pleurer, mais elle n'y prit garde. Elle vint à ma table et y déposa deux grands bols de tchang. Du regard, elle m'avait demandé la permission de s'asseoir. Normal, j'étais le maître, elle était la servante. Ce n'était qu'une affaire de bienséance, une coutume. Certes, je manquais d'aplomb, j'étais gêné, mais Jean, derrière moi, m'encourageait. Lui, il avait été seigneur et maître, serviteur et esclave. Il avait tout su, tout vu, tout lu, tout eu, tout bu, tout compris, tout subi, jusqu'à l'assassinat et la dispersion malheureuse de ses cendres. Il savait y faire, ici, ailleurs, sur terre, et dans l'au-delà.

Je heurtai stupidement le bol de Khami pour trinquer avec elle. Il me sembla que ce geste correspondait à la personnalité de Jean. Elle me regarda comme si elle me voyait pour la première fois. Je ne savais pas alors que faire tinter deux bols de tchang remplis bord à bord avait une connotation sexuelle. Tout en continuant à me dévisager, elle demanda :

– Comment trouves-tu mon français ? Tu sais, j'ai suivi tes conseils, j'ai appris avec Ang Chumbi.

Bien sûr, je ne savais pas qui était Ang Chumbi. Je répondis :

– Formidable, tu te débrouilles comme un chef !

Le ton enjoué cachait à peine mon malaise. Elle demanda :

– Que se passe-t-il, Jean ? Je t'observe et je ne te reconnais plus. De loin, tu es comme avant. De près, tu n'es plus tout à fait le même.

Elle me tendait la perche. Il ne me suffisait que d'un peu de courage. Là encore, épaulé par Jean, je n'osais pas la décevoir :

– Comment va mon fils ? Où est-il ?

Elle parut réellement étonnée :

– Ton fils ? Mais de quel fils parles-tu ?

Stupéfait, je répliquai :

– Je parle d'Hima. J'ai vu sa photo. Maurice me l'a envoyée. Il me ressemble, il a les cheveux rouges !

Comme elle ne semblait pas comprendre, je poursuivis :

– Maurice, tu sais bien, le guide de Chamonix ! Il est venu chez toi le mois dernier, et il m'a appelé dès son retour en France.

Elle approuva de la tête et répondit sans se départir de son angélique sourire :

– Écoute, Jean, tu verras Hima tout à l'heure car il ne va pas tarder à rentrer. Hima n'est pas ton fils, c'est le mien. Le mien, et celui de Kalden.

Je m'attendais à tout, sauf à cela. Désemparé, j'appelai mon frère au secours. Étrangement, il resta muet, sonné pour le compte. Je devais me débrouiller seul :

– Tu veux dire que je ne suis pas le père d'Hima ? Mais alors, pourquoi m'as-tu averti ? Pourquoi cette photo de vous deux ?

Je brandis le polaroïd et frappai du poing sur la table. Elle ne semblait guère impressionnée par mon geste. Elle porta le bol de tchang à ses lèvres et but longuement par petites goulées. Puis, s'essuyant du revers de sa manche, elle s'expliqua :

– Chez nous, le père, c'est celui qui élève l'enfant. Pas celui auquel l'enfant ressemble. Néanmoins, quand j'ai su que le petit était de toi, parce qu'il avait ta peau claire et la forme de tes yeux, je suis allée voir Ang Chumbi et je lui ai demandé de t'écrire. La lettre m'a coûté vingt roupies et j'ai payé autant pour le timbre. J'ai attendu longtemps ta réponse, et je t'ai envoyé d'autres lettres, à trente et même à quarante roupies. Ang Chumbi exagérait, il gonflait les prix !

J'interrompis Khami. J'en voulais à mon frère de ne pas avoir répondu. Malgré tout, je me devais de l'innocenter :

– Tu peux me croire, je n'ai jamais reçu une seule de tes lettres. Que me disais-tu ? Que voulais-tu ?

Elle s'écria tout à coup :

– Ah, le yak ! Le sale cochon de Chumbi ! Je l'ai toujours suspecté de me rouler ! Maintenant, il va me le payer. Crois-moi, je vais lui arracher les couilles !

La douce Sherpani s'était muée en justicière. Furieuse, sauvage, elle m'avait paru encore plus belle. Je ne savais pas qui était vraiment Ang Chumbi, ni où il habitait, ni quelle était exactement sa profession, mais je devais reconnaître qu'il lui avait appris un français des plus classiques.

J'attendis qu'elle se calme, et répétai :

– Pourquoi m'écrivais-tu, Khami ? Qu'attendais-tu de moi ?

Elle parut déconcertée, puis lança :

– Ce que j'attendais ? Ce que je voulais ? Mais es-tu donc aussi yak que l'autre ?

J'eus l'impression que Jean m'avait fichu un coup de coude dans les reins, une manière de me rappeler à l'ordre. Pour l'heure, l'ordre n'avait d'égal que mon désordre. Je dis :

– Excuse ma yakerie, ma mufflerie. Si j'avais su que tu étais enceinte de moi, je me serais arrangé pour couvrir tes besoins.

– Couvrir mes besoins ? Qu'est-ce que ça signifie ?

À voir son regard, tout me disait que j'avais encore gaffé. Décidément, Jean ne m'aidait guère. C'était un égoïste. Il avait profité de la petite durant son séjour à Namché Bazar. C'était un sacré séducteur, un homme à femmes, et même à toutes les femmes. Il couchait avec les bourgeoises comme avec les fermières. Avec les filles qu'on voit dans *Elle* comme avec celles de chez Renault. Avec celles des pays plats comme avec celles des hauts plateaux. Cependant, Jean n'était ni un salaud, ni un type à fuir ses responsabilités. Cela ne lui ressemblait pas. Le coupable, c'était cet Ang Chumbi qui n'avait sans doute jamais expédié les lettres de Khami. Je pris les mains de la Sherpani dans les miennes et dis d'un air désolé :

– Je t'en prie, Khami, il faut me croire. Je ne savais pas. Je n'ai même jamais imaginé les conséquences possibles. Tu avais l'air si sûre de toi, si naturelle...

Ce fut comme si Jean m'avait soufflé les dernières phrases à l'oreille. Elles sonnaient juste et semblaient bien reçues. Comme Khami souriait à nouveau de toutes ses fossettes, j'osai :

– Qu'est-ce que tu me disais, dans ta première lettre ?

Un nuage passa sur le sourire, mais il réapparut presque aussitôt. Tout le visage s'était mis à rayonner. Elle répondit :

– Dans ma première lettre, je t'avertissais de mon état. Chez nous, c'est une coutume. Lorsqu'une fille est enceinte, elle prévient le garçon. Ensuite, c'est à lui de faire connaître ses intentions. S'il manifeste du contentement, c'est tant mieux, les deux parties attendent la naissance et prennent en commun la décision d'élever l'enfant. En revanche, si le garçon se fait prier, s'il se rétracte, eh bien il est soumis à une amende. Il doit dédommager la fille, et présenter des excuses à sa famille.

– Et quelle réponse attendais-tu ?

– J'attendais une réponse positive. J'espérais que tu viendrais vivre ici avec moi. Je me disais que tu allais t'installer au pays Sherpa. Tout le monde, ici, te désirait. Ma mère, mes sœurs, toute la famille. Souviens-toi, tu m'avais dit que ta vraie vie était ici, dans ces montagnes, avec mon peuple, avec notre manière d'être, notre foi, notre courage, notre droiture. Ces mots sont de toi. Ils sortaient de ta bouche, et ils étaient repris par Ang Chumbi. Tu te servais de lui pour me raconter tout cela. Moi, ravie, aux anges, je te découvrais tous les jours un peu plus. Je ne me doutais pas que ce yak puant me trahirait.

Elle était magnifique, comme ses montagnes, comme son peuple, comme sa mère et ses sœurs. Les pauvres ! Je ne leur avais même pas apporté le moindre cadeau ! Immense était mon désarroi. Immense heureusement était encore mon frère. Je l'avais un instant soupçonné de lâcheté, de veulerie. Maintenant, je savais. Lui aussi avait été trahi par cet Ang Chumbi. Jean pouvait reposer tranquillement en moi, âme contre âme, corps contre corps. Et d'ailleurs, il se tenait coi.

En effleurant les mains de Khami, je ressentis son amertume, sa peine, mais encore une étrange sensation de bien-être. J'errais depuis bien longtemps, mais, cette fois, j'avais l'impression d'être de retour à la maison comme si la lettre adressée à Jean m'était parvenue. Et quand les doigts de cette paysanne, ou de cette princesse, se mêlèrent enfin aux miens, je sus qu'à son tour elle m'avait accepté. Malgré tout, je ne pus m'empêcher de rassembler le temps, comme si toutes ces années passées loin d'elle m'en séparaient encore. Je demandai :

– Et que me disais-tu dans ta seconde lettre ?

– Dans ma seconde lettre, je reprenais les mots de ma première. Il était inutile d'en dire plus. Je pensais que tu hésitais. Et chez nous, vois-tu, l'hésitation est considérée comme une qualité. Nous nous méfions de celui qui fonce, tête baissée comme le yak. Nous ne considérons guère mieux celui qui suit aveuglément, comme le mouton. Le chemin, tout comme l'instinct, comme l'intelligence, est semé d'embûches. Bien des moines nous aident à marcher droit. Bien d'autres, ne le répète pas, nous induisent en erreur et profitent de nos bienfaits. Vois-tu, Jean, ici, dans ce lodge des Français, nous pensons différemment des autres. Hima, tu t'en rendras compte, y est pour quelque chose.

Je marquai la surprise :

– Hima ? Hima y est pour quelque chose ? Mais Hima n'a que dix ans...

– À dix ans, il parle le français mieux que moi. Il a appris avec un lama et avec des gens de passage. Ils disaient tous qu'il était doué, que c'était un bonheur d'être avec lui, un malheur de le quitter. Tu sais, il a lu tous les poèmes, toutes les chansons, tous les textes que tu m'as laissés. Je t'assure, il tient de toi. Et, comme toi, il tient tête aux lamas.

Ça n'était pas le moment de faire une bourde.

Avec sa manie d'écrire sur tout, n'importe où, Jean m'avait mis dans de drôles de draps. Bientôt Khami allait me sortir des cahiers de brouillon, des planchettes de bois, tout un tas de mantras où étaient notées les réflexions de mon frère. À vrai dire, la sérénité n'avait guère duré. Voici qu'il me fallait affronter une autre épreuve. Je dus faire des efforts pour retrouver la place qui m'était dévolue. Je demandai :

– Qu'as-tu fait quand le petit est né ?

– J'ai continué à t'attendre. Et puis, voyant que tu m'avais oubliée, j'ai accepté de me marier. Ils étaient au moins cinq à me courtiser, à m'admirer, à crier leur amour sur mon passage. Et, parmi eux, il y avait Ang Chumbi. Il était très pressant, trop attentionné pour être sincère. Alors j'ai refusé, et j'ai pris le plus beau.

– Tu as choisi Kalden ?

– Non, j'ai choisi Passang, son frère aîné. Et Passang a été le papa d'Hima. Il l'a choyé, et protégé. Il était fier d'être le père d'un petit garçon à la peau blanche et aux yeux ronds. Ça lui plaisait.

Elle était rieuse, provocante, heureuse de m'épater. C'était la femme du bout du monde, la laboureuse de glaciers, la cueilleuse de pommes de terre, la princesse du bouddhisme, la reine du pays Sherpa. Elle était tout le monde, toute la terre à elle seule. Elle était la civilisation, la culture, la liberté. Elle rivalisait avec toutes les religions. Elle était à la fois opium et beurre de yak, chandelle et candélabre, simple mortelle mille fois réincarnée, petite abeille avec son miel, fleur de lotus et nénuphar, edelweiss et yéti. Elle était tout ce qui existe, tout ce à quoi l'on croit. Elle était le clair et l'obscur, le minuscule et l'infini. Et quand elle parlait, la planète tout entière se mettait à l'écoute.

Jean certainement me soufflait ces pensées, ces images. Tout ébahi, je demandai :

– Mais qu'est devenu Passang puisque tu es avec Kalden ?

– Passang a disparu, emporté par une avalanche. L'avalanche, chez nous, c'est comme la guerre chez vous. Elle décime nos hommes.

Je poursuivis :

– Depuis quand Passang est-il mort ?

– Cela va bientôt faire huit saisons.

– Huit saisons, tu veux dire deux ans ?

– Oui, deux hivers, deux printemps, deux étés, deux automnes. Ici, en lisière du Toit du Monde, il y a deux saisons très courtes et deux saisons très longues. La saison des mariages, la saison des deuils. Et aussi la saison des veuves.

Impatient de savoir, je ne cessais de questionner Khami :

– Toi, tu n'es pas restée veuve très longtemps ?

– Non. J'ai eu de la chance.

– Tu appelles ça de la chance ?

– Passang avait un frère. Et ce frère Kalden me revenait.

_ Tu veux dire que Kalden, ton mari actuel, est le frère de ton autre mari ?

– C'est cela. Et si un jour Kalden disparaissait à son tour, eh bien j'épouserais Tensing, le plus jeune des trois frères. C'est la loi de la vie, notre manière de resserrer les rangs et d'assurer la permanence de notre race.

Interloqué, je laissai éclater ma surprise :

– Tu veux dire que Kalden est maintenant le père d'Hima, tout comme Passang l'était ?

– Oui, Jean, c'est exactement cela. Et s'il arrivait malheur à Kalden, eh bien Hima retrouverait un autre père en la personne de Tensing.

Aiguillonné par mon frère, je ne pus réfréner ma révolte :

– Et moi, là-dedans, qu'est-ce que je deviens ? Qui je suis ?

Superbe, elle répondit :

– Toi, tu es le premier père, le père invisible, mais bien réel. Tu es monté sur moi comme le yak monte sur la femelle. Personne ici ne met en cause cette saillie. J'ai été pleine de toi et j'ai accouché de ton petit. Mes maris ont fait mieux. Ils ont accepté ton enfant. Ils l'ont considéré comme leur propre fils. Passang n'a pu lui donner un frère. Il était très fougueux, mais sa sève n'ensemençait que la couette. Elle partait toute seule, comme le tchang qui coule dans ta bouche. Au lit, Kalden est moins vaillant. Mais, au lieu de tacher la couette, il a fertilisé mon ventre. Maintenant, Hima a un frère de six mois. Kalden et Hima sont heureux.

Je ne pus résister. La question partit toute seule, comme la sève de Passang :

– Et toi, es-tu heureuse ?

Elle me montra un visage moitié lune, moitié soleil, qui en disait beaucoup plus que la parole. En se levant de table, elle murmura :

– Le bonheur d'une Sherpani, c'est de pouvoir dire oui ou non aux choses qui tombent du ciel, comme aux choses qui poussent sur terre.

Comme je ne réagissais pas, elle s'immobilisa :

– Ça ne te rappelle rien ? C'est écrit dans ton cahier...

Je craignis qu'elle n'aille chercher ce cahier pour me le prouver, mais elle alla remplir les bols d'un tchang que sa mère et sa sœur terminaient de verser dans un baquet cerclé de cuivre.

Il y eut, là-bas, dans la cuisine, une conversation très animée. De petits cris, des fous rires, des froissements de jupes arrivaient jusqu'à moi. Des jeux de mains et de regards m'étaient adressés. Manifestement, quelque bonne fortune se préparait sur terre.

Et pendant ce temps, tout à coup, j'étais happé par une révélation. C'était comme si le ciel s'était ouvert, laissant tomber sur moi une nuée d'étoiles. J'avais tout d'abord refusé d'admettre que la vérité puisse ainsi m'asperger d'une pluie d'étoiles. Quand les choses sont si lumineuses, si simples, si évidentes, on est tellement abasourdi que le premier réflexe est de les refuser. Ensuite, sans crier gare, en douceur, elles nous envahissent, nous inondent, nous irradient.

Comme cela, en un rien de temps, la chose m'avait fait passer d'un état extrêmement angoissé à un état extrêmement apaisant. Le temps que Khami aille et revienne, la chose m'avait mis au pas, à croire que j'étais moi-même devenu la chose de la chose.

J'attendis que Khami me serve le tchang nouveau pour demander :

– Supposons que j'ai reçu tes lettres. Supposons que mes intentions aient été positives. Supposons encore, si tu le veux bien, que je sois venu aussitôt te demander en mariage. Aurais-tu accepté ?

Elle me rassura d'un hochement de tête. Ce « oui » ne me suffisait pas. Je repris :

– S'il te plaît, j'ai besoin d'une réponse claire, franche.

– Elle est claire. Elle est franche.

– Non, dis-le-moi vraiment...

Elle s'amusait de mon insistance. Elle dit :

– Bien sûr que je t'aurais pris pour mari, et tu le sais.

Soulagé, je poursuivis :

– Nous aurions vécu ensemble et élevé Hima de la meilleure façon.

Elle m'interrompit :

– À la sherpa !

– D'accord, à la sherpa, à la loyale, à la fraternité, à tout ce qui fait la grandeur de ton pays. Mais ma question est ailleurs. Suppose donc que je parte en expédition vers l'Everest avec des étrangers, comme l'a fait Passang, comme le fait encore Kalden. Oui, suppose ! Je guide le groupe, et vlan, la montagne se décroche, une avalanche m'emporte...

Elle ne put retenir un petit cri. Sans doute avait-elle vu la scène, revécu le déroulement de la tragédie. J'ajoutai aussitôt :

– Tu ne le sais pas, mais moi aussi, j'ai un frère.

Elle me regarda intensément, comme si elle devinait où j'allais en venir. Jean, pareillement, s'était mis à sursauter. En réalité, il se trompait, je ne parlais pas de lui. Je parlais de moi. Tant pis, il ne me restait plus qu'à poser ma question :

– Me sachant à tout jamais perdu, aurais-tu pris mon frère comme second mari ?

Elle répliqua :

– En aurait-il eu le désir ? Me l'aurait-il fait savoir ? Et comment ?

– Supposons qu'il soit venu jusqu'à Namché ? Qu'il soit là, en ce moment, à cette table, en face de toi ?

Elle s'écria :

– Mais tu n'es pas mort, Jean ! Cette idée est idiote !

Je répliquai :

– D'accord, c'est idiot. Mais réponds-moi quand même !

Elle semblait embarrassée. Elle cherchait. Au bout d'un moment, son visage s'éclaira et elle dit :

– Avec ma raison, je te réponds oui. Avec mon cœur, je te réponds peut-être. Mon corps, lui, ne peut te donner aucune réponse.

Je n'étais qu'en partie satisfait. Je notais qu'elle m'aurait épousé par raison, comme le voulait la tradition. Je risquai :

– Cela veut dire que tu étais amoureuse de Passang et que tu ne l'es pas de Kalden ?

Elle se justifia sans attendre :

– Je n'ai jamais été amoureuse de Passang. Ni avec mon cœur, ni avec mon corps. Mon cœur, mon corps, ils étaient sous ton charme. Ils t'appartenaient. Ils étaient comme la terre, comme des champs, mais tu les a laissés en friche. Ils ont manqué de soin, manqué de bouse, manqué d'eau. Ils n'ont pas été retournés, ensemencés, hersés. Alors, le pauvre Passang n'a récolté que de maigres sentiments. Il en est de même pour Kalden. Au début, il me disait que je l'affamais. Et puis, plus tard, il y a eu le bébé. J'ai donné de l'amour au petit. Et Kalden a fait comme l'oiseau, comme l'écureuil, et la souris. Il s'est nourri des miettes que je laissais tomber.

Les propos de Kami étaient durs. Je m'étonnais qu'une fille aussi simple fût aussi déroutante. Aussi mûre. Que de blessures cachait donc ce visage radieux ? On y lisait pourtant l'acceptation, et même la résignation.

Nous avons continué à boire du tchang et à nous reconnaître. Nous attendions le retour d'Hima. Il était allé rassembler les yaks dans un pâturage d'altitude. Une longue marche de nuit. Un jeu d'enfant pour ce gamin. Je savais maintenant combien je comptais pour sa mère. J'étais donc à mon tour, comme frère de Jean, le papa d'Hima et le prétendant de Khami.

Je n'eus pas le cœur à pousser les choses plus loin. Nous en sommes restés au jeu des suppositions. Khami avait bien compris que Jean avait un frère, et que ce frère aurait pu avoir des droits sur elle. Cependant, Khami n'imaginait pas que je puisse être ce frère. Pour elle, j'étais Jean, le Français qu'elle avait connu onze ans auparavant. J'avais néanmoins l'assurance, au cas où la situation l'exigerait, d'être accepté en tant que quatrième mari, à la fois par la raison, par le cœur et le corps. Certes, Khami me trouvait changé, mais elle imputait mes erreurs, mes oublis, à une mémoire défaillante que seules les années avaient marquée. Naturellement, j'abondais dans son sens.

Le premier soir, alors que nous attendions notre enfant dans cette grande salle vide, il y avait eu des silences éloquents, des instants fébriles où chacun espérait un geste de l'autre. Un geste qui aurait balayé la pudeur et la timidité. Comme nous ne nous décidions pas, ni avec les mots, ni avec les sens, la conversation s'engagea dans une sorte de gentil cérémonial. C'était comme si nous avions toujours vécu ensemble. Comme si nous avions déjà fait le tour des habitudes. Et cet état fait de qui-vive comme de somnolence aurait pu durer jusqu'à l'arrivée du petit, si je n'avais eu la mauvaise idée de demander pourquoi l'enfant s'appelait Hima.

Offensée, elle me jeta un méchant regard et s'exclama :

– Comment oses-tu, Jean ? Le fais-tu exprès pour me blesser ?

Jean, en moi, se mit lui aussi à m'engueuler. Ça ne me donnait pas l'explication pour autant. Je dis :

– Écoute, Khami, je ne veux surtout pas te blesser. J'ai parfois des manques : la fatigue, le surmenage, l'émotion d'être enfin là, aujourd'hui, près de toi. Comprends-moi, Khami, il y a de quoi perdre la tête...

Je lui mentais. Et, en même temps, j'avais envie de l'enlacer et de la couvrir de baisers. Ma curiosité l'avait pourtant emporté sur la tendresse :

– Je t'en prie, Khami, éclaire-moi !

Elle m'en voulait encore. Ça se voyait dans ses yeux, ça s'entendait dans sa voix :

– Le matin de ton départ, alors que tes copains étaient revenus du camp de base de l'Everest, nous étions allés voir Ang Chumbi. Tu voulais lui laisser ton adresse et me dire un certain nombre de choses par son intermédiaire. Tu te souviens, n'est-ce pas ?

Je ne me souvenais de rien bien sûr, et pour cause ! Tout en maudissant cet Ang Chumbi, j'approuvai de la tête. Satisfaite, elle reprit :

– Tu étais plein d'attentions et de prévenances. Tu redoutais de me quitter. La veille, tu hésitais encore à partir, mais le guide, ce Maurice, t'avait convaincu de rentrer en France. J'étais aussi triste que toi, parce que, jusqu'à ce jour, en dehors de toi, personne ne m'avait parlé aussi bien d'amour. Je craignais de ne plus t'entendre, de ne plus te voir. Toi, tu cachais ta peine. Tu étais drôle, exubérant. Tu me disais : « Tu es ma hauteur, mon altitude. Tu es mon bonheur, ma certitude. Tu es mon sommet, ma majuscule. Sans toi, il n'y a plus que l'abîme et la plaine, le domaine du minuscule. » Ang Chumbi riait de toutes ses dents. Sans doute riait-il jaune, comme le vieux yak qui sert de boute-en-train. Et puis, caressant mon ventre, tu t'étais mis à hurler en prenant la montagne à témoin : « Si je t'ai fait un enfant, Khami, nous l'appellerons Himalaya. Himalaya mon fils ! Himalaya mon enfant ! » Eh bien, quand ce fils est né, je ne t'ai obéi qu'à moitié. J'ai coupé l'Himalaya en deux. Hima, maintenant, c'est presque un prénom de notre pays...

C'était dur et beau à entendre. Ému, jusqu'à mélanger mes larmes à celles de mon frère, je repoussai les bols de tchang pour attirer Khami à moi quand, soudain, la porte du lodge s'ouvrit. Le Fils de l'Himalaya apparut dans l'embrasure, superbe, resplendissant comme un soleil.

Le petit resta un moment à nous dévisager, sa mère et moi. Il ôta sa chapka, et s'avança en recoiffant des doigts sa tignasse rousse. Cette couleur était notre signe de reconnaissance. Point n'était besoin d'analyser l'ADN, Hima était bien le fils de Jean, son double en miniature. Seuls la forme des yeux et le saillant des pommettes n'étaient pas conformes. Il avait le regard bleu clair, comme celui de Jean, une couleur de ciel. Étirées, en amande, les paupières dessinaient un dos de guépard. Chez nous, on dirait « un dos de souris ». Du félin, Hima avait aussi la mâchoire, l'agilité, le coup de patte. Hima, c'était la réplique asiatique de Jean. L'incroyable, c'est que le côté Scheller, notre marque de famille, l'avait emporté sur le côté sherpa. D'ordinaire, le sang des races colorées déteint sur le sang blanc. Je ne sais quelle sorte de lessive avaient employée Khami et Jean durant leurs ébats mais, de ce grand lavoir ethnique qu'est l'Himalaya, il était sorti un être exceptionnel, un garçon tout de gaieté et de lumière.

La gaieté, la lumière, Hima les tenait de sa mère, de sa race. Il avait suffi de quelques fractions de secondes au petit pour comprendre. Une lueur curieuse dans l'œil, il sc planta devant moi, mains sur les hanches. De sa voix d'enfant, il dit en zézayant :

– Eh bien, dis donc, tu en a mis du temps pour venir ! Allez, lève-toi, montre-moi comme tu es grand !

Je me levai comme un seul homme avec mon frère, que je devinais aussi fier que moi.

Hima lâcha un sifflement, quelque chose entre le contentement et l'admiration :

– Tu ne me croiras pas, mais je te voyais exactement comme ça.

Tout de suite, il avait repris :

– Quand es-tu arrivé ? Et comment ?

– Sur les ailes du vent.

Il répliqua :

– Ne te fiche pas de moi. Les ailes du vent sont tombées. Elles ont heurté la montagne. Moi, à te voir, je sais que tu es arrivé sur les talons...

La mère intervint :

– Laisse-le tranquille, il est fatigué. Montre-lui plutôt sa chambre.

Aussitôt, il passa devant moi. Il sentait le laitage, l'odeur du yak et de la chèvre. Ses habits étaient graisseux, rapiécés. Tout à coup, il se retourna sur moi, et se mit à réciter :

– Suis-moi, et je te montrerai des ors, des rages, et des orages. Suis-moi et sois légère, légère, l'égérie de mes nuits. Je voudrais que tu sois la muse, la muse, la musique de ma vie !

Je restai interloqué :

– Que me racontes-tu là ?

– Je te cite.

Je fis le distrait, puis je me repris :

– Tu sais, Hima, durant toutes ces années, il m'est arrivé beaucoup de choses, des bonnes et des moins bonnes. Je suis allé d'un bout de la terre à l'autre et, chemin faisant, j'ai laissé un peu de ma mémoire le long des routes. Disons que le temps a mangé une grande part de mon passé.

Radieux, il répliqua :

– Ne t'en fais pas, le temps n'a pas tout mangé. Demain, je te montrerai tes cahiers. Khami me les a donnés.

Je demandai :

– C'est Ang Chumbi qui t'a appris le français ?

– Oui, Ang, et d'autres. Il y en a eu beaucoup. Et, chaque fois, ils restaient plus longtemps qu'ils ne le devaient. L'année dernière, une femme s'est installée chez nous pour l'hiver. C'était une philosophe, elle m'a bien aidé. Parfois, elle mettait la charrue avant les yaks, mais je comprenais quand même. J'étais étonné. Alors, elle m'a fait comprendre que le yak, avec son large front, pouvait aussi bien tirer que pousser. Elle avait raison, j'ai essayé, et ça a marché. Tu sais, cette femme-là, elle était très calée, très savante. Elle m'aimait beaucoup, et elle faisait l'amour avec Kalden !

– Ta mère n'était pas jalouse ?

– Oh non, la Française payait son phijal.

– C'est quoi, le phijal ?

– Une amende. Celui qui fait du mal doit réparer avec son argent.

– Tu trouves ça bien ?

– Oui, c'est normal, c'est moral !

Pour un gamin de dix ans, Hima me bluffait. Il parlait morale comme d'autres, au même âge, parlent bandes dessinées.

Nous arrivâmes à l'étage, et on entendait des ronflements qui provenaient du dortoir. Je demandai :

– Et ceux-là, tu les connais ?

– Ceux-là, ils sont cons.

– Cons, vraiment ?

– Oui, je leur ai lu une de tes chansons, et ils n'ont pas réagi. Écoute plutôt :

Rêves d'Orient, insomnies d'Occident
Toutes les nuits, de Proche en Extrême
Toutes les nuits, je pars de moi-même
Rêves d'Orient, l'oubli du présent

De splendeurs en misères
De torpeur en lumières
De clameurs en prières
De moiteur en poussière

Rêves d'Orient, insomnies d'Occident

Parfums et puanteur
Jasmin, perles de sueur
Jardins, ivres de fleurs
Muezzin, en ut mineur

Rêves d'Orient, l'oubli du présent

Des soieries, des parias
Des coolies, des radjas
Le sanscrit, Samsara
Patchouli, Nirvana

Rêves d'Orient, insomnies d'Occident
Toutes les nuits, de Proche en Extrême
Toutes les nuits, je pars de moi-même
Rêves d'Orient, l'oubli du présent

De rumeurs en bazars
De guetteurs en remparts
D'ailleurs en lupanars
Viennent les pleurs d'un sitar

Mendiants et brahmanes
Croyants et profanes
Brigands et sultanes
Bruissement des caravanes

Rêves d'Orient, insomnies d'Occident

Des harems, des offrandes
Des hymens, des légendes
Des palais, des eunuques
Des couperets sur la nuque

Rêves d'Orient, insomnies d'Occident
Toutes les nuits, de Proche en Extrême
Toutes les nuits, je pars de moi-même
Rêves d'Orient, l'oubli du présent

J'étais trop bouleversé pour juger la chanson de Jean. Celui-ci, d'ailleurs, s'était fait léger, léger, comme l'égérie du silence. Ce gosse dépenaillé m'émerveillait, et je n'avais qu'une crainte, le décevoir.

Comme nous arrivions au bout du couloir, et qu'il hésitait entre plusieurs clefs, je lui dis :

– Écoute-moi bien, Hima. Je suis venu pour te voir et pour écouter ta voix, pas pour écouter la mienne. Ce que j'ai pu écrire ne m'intéresse pas, ou si peu. Il n'y a que toi qui comptes. Toi, et bien sûr ta mère. C'est de vous deux que je veux apprendre le plus possible. Je t'assure, ces cahiers ne sont que le reflet de mes états d'âme. Or, le propre des états d'âme, c'est de bouger, de changer, d'évoluer. Ils vieillissent, comme la chair, comme les organes. Ils mûrissent, comme l'esprit, comme le fruit. Et, aujourd'hui, à te voir, à t'entendre, je suis dans tous mes états. Quant à mon âme, laissons-la en paix. Elle plane, elle court, elle visite Namché Bazar, et elle a fort à faire..

Hima se mit à rire :

– Ton âme va se perdre ! Rappelle-la, elle a besoin d'un guide. Tu sais, Namché, à voir comme cela, c'est tout petit mais il y a autant de Namché superposés qu'il y a eu de millénaires sur terre. Et tous les millénaires, en effet, un nouveau village se bâtit sur l'autre. L'Ama-Dablam, le Lhoste, l'Everest sont les escaliers de Namché. Ils mènent au ciel. Fais attention, dis bien à ton âme de ne pas gravir les marches.

Tout en mettant mon âme en garde, Hima trouva enfin la bonne clef. Il ouvrit une porte et me dit :

– Voici ta chambre, c'est la plus confortable.

Il y avait un grand lit à tiroirs sur lequel s'entassaient des couettes en poil de yak et des coussins brodés. De l'un des tiroirs ouverts débordait de la lingerie féminine : des culottes longues, des soutiens-gorge en cuir souple. Plus loin, une large armoire bouchait en partie la fenêtre. Il y pendait des vêtements d'homme et une pelisse. Sur un banc étaient rangés des souliers, des bottes, des chaussons d'intérieur. À terre gisait une stèle gravée, l'une de ces pierres qui étaie les édifices sacrés érigés aux abords des villages. Les marcheurs en savent quelque chose. Les franchir sur la droite serait inconvenant. Autour de la stèle étaient déposés des piolets, un harnais, des crampons, une bouteille d'oxygène, des échelles de corde. Une photo couronnait ce chortem d'intérieur. Aux murs étaient punaisés des tantras, les portraits du Panchen et du Dalaï Lama. Dans un coin, une thanka défraîchie, entourée de soie jaune, était à moitié recouverte par un calendrier flambant neuf. L'image centrale, un mandala aux motifs géométriques et ésotériques, représentait l'univers dans sa plus pure abstraction.

Comme j'hésitais à entrer, Hima reprit :

– Qu'est-ce que tu fiches ? Allez, viens !

Je dis :

– Tu as dû te tromper de chambre, celle-ci est déjà occupée.

La réplique ne se fit pas attendre :

– Hima ne se trompe jamais. Cette chambre est celle de ma mère.

Je m'exclamai :

– Comment ça ? Tu veux me faire coucher dans le lit de ta mère ?

Naturel, il répondit :

– Oui, tu prendras la place de Kalden.

– La place de Kalden ! Mais Kalden, c'est le mari de ta mère !

– Kalden est l'un des maris. Toi, tu en es un autre.

Je ne savais quoi dire. Apparemment, la logique des ménages sherpas m'engageait à accepter la couche de Khami. Malgré tout, je demandai :

– Ta mère est au courant ?

Le petit était magnifiquc. Il avait réponse à tout :

– T'en fais pas, elle se prépare.

– Et que se passerait-il si Kalden arrivait au milieu de la nuit ?

Il répliqua du tac au tac :

– Regarde ta montre. Le milieu de la nuit, c'est maintenant.

J'insistai :

– D'accord, mais imagine tout de même...

Il eut un sourire légèrement moqueur :

– Comment un Sherpa pourrait-il être là où on ne l'attend pas ? Les Sherpas n'ont rien de surprenant. Leur vie est comme une ligne droite. On les engage parce qu'ils sont fiables. Ce matin, Kalden était au camp 3 avec des alpinistes japonais. Le temps était bon, le vent pas trop violent. Peut-être ont-ils atteint le camp 4. Dans ce cas, ils donneront l'assaut au lever du jour.

Je n'en démordais pas :

– Bon, j'admets qu'un Sherpa ne peut rentrer chez lui à l'improviste, surtout quand il s'attaque à l'Everest. L'affaire est entendue. Mais est-ce une raison pour lui prendre sa chambre et sa femme ?

Hima ne se laissait pas ébranler. Il avait un sens inouï de la repartie :

– Tu ne lui prends rien du tout. Vous êtes tous les deux ses maris. Si tu as peur de payer l'amende, rassure-toi, ce n'est pas prévu au programme.

Le petit m'avait cloué le bec. Je l'aimais déjà très fort. J'avais envie de le serrer contre moi, de lui prodiguer les caresses que Jean n'avait pu lui donner. Et Jean, tout comme moi, devait baver d'admiration devant ce môme. Il s'agitait, me cognait les côtes. À un moment, j'ai cru qu'il allait me pousser à la faute. Il était si fier de son fils que je me demandais s'il n'avait pas l'intention de se faire connaître en m'enjoignant de tout avouer. Ç'aurait peut-être été préférable. Après tout, je me voyais aussi bien dans la peau d'un oncle que dans celle d'un père.

Au cours de la nuit, tandis que Khami dormait à mes côtés, j'ai compris pourquoi je n'avais pas cajolé le petit. Compris pourquoi j'avais réprimé mes élans. Jean m'en avait empêché. Peut-être que la jalousie existe aussi chez les morts ? Je me dis que j'allais interroger l'enfant. Il avait certainement la réponse.

Comme Hima s'apprêtait à me quitter, je demandai :

– Et toi, tu dors où ?

– Lorsque Kalden n'est pas à la maison, il m'arrive de dormir avec maman.

– Elle aime ça ?

– Bien sûr qu'elle aime ! Elle me dit que je suis l'homme de sa vie.

– Et tu le crois ?

– Pas du tout. L'homme de sa vie, c'était Jean !

Il se reprit vivement :

– Enfin, c'est toi...

J'eus un choc. Que voulait-il dire ? Il ne pouvait savoir que je n'étais pas son père. Qui étais-je pour lui ? Me mettait-il dans le lit de sa mère parce que j'étais son premier mari, ou son quatrième ? En réalité, je préférais éluder la question. Trop de choses me taraudaient l'esprit. En l'espace de quelques heures, je m'étais retrouvé chargé de famille, avec femme et enfant, sans compter les autres maris. Dans la chambre, il y avait même le chortem de Passang, ses cendres posées sur la stèle, et tout son matériel de sirdar. Passang avait été un chef, un maître sherpa. À ce titre, il avait donc droit à la chambre conjugale. Khami l'avait épousé par raison. Mais elle lui rendait toujours hommage.

Je repris, en tapotant sur l'épaule du petit :

– Et ce soir, tu dors où ?

– À côté, avec les autres enfants.

– Avec ton petit frère ?

– Non. Les bébés dorment avec leur grand-mère. Quand ils ont faim, elles les amènent chez leur maman pour la tétée. Et puis, elles les reprennent jusqu'au matin. Comme cela, la femme peut se donner tout entière à ses maris.

Il me regarda d'un air supérieur avant d'ajouter :

– Tu devrais tout de même le savoir !

Je marquai la surprise. Puis, je me repris :

– Je te ferais simplement remarquer que c'est toi qui me fais un cours de sociologie.

Tout de suite, il dit :

– C'est quoi, la sociologie ?

– La sociologie, c'est la science du comportement humain.

Il était intraitable :

– Tu trouves que mon comportement n'est pas humain ?

Je ne pus m'empêcher de dire :

– Hima, tu es bien plus qu'humain, tu es génial ! Franchement, je n'ai jamais rencontré un garçon de ton âge aussi pointu que toi !

Il lâcha, du tac au tac :

– C'est ce que pense Ang Chumbi. Il n'arrête pas de me dire que je tiens de mon père.

Je risquai :

– Tu peux me croire, ton père est très fier de toi. Ton père n'a qu'un remords, c'est de ne pas t'avoir connu plus tôt.

Il ne se démonta pas pour autant :

– Tu sais, nous avons les mêmes cheveux rouges,

les mêmes taches de rousseur, les mêmes yeux bleus. Et pourtant, au fond de moi, j'ai un doute. Une voix me dit que mon père était plus intelligent que toi !

Le coup était dur à encaisser. Une fois de plus, mon frère me clouait au pilori. Je faillis craquer et révéler la vérité à Hima. Jean s'y opposait de toutes ses forces. Nous nous affrontâmes en silence durant quelques secondes. Finalement, il me fit entendre raison. C'était à moi de me couler dans sa peau. Lui, il en aurait eu marre d'être dans la mienne. À moi de me montrer digne de lui. À moi d'avoir son talent, son originalité, son charisme. Je voulais tout à coup qu'il disparaisse de ma vie. J'en avais assez de me trimbaler avec son âme. Il était lourd à porter. Il mettait ma carcasse à mal. Quelque chose en moi me le disait : Jean n'aurait jamais voulu voir son secret divulgué. Et je me le promis. Furieusement j'allais tout faire maintenant pour me débarrasser de lui.

Il y eut un grand remue-ménage en moi, un saut dans mon cœur, une sorte d'aspiration par le haut, un courant d'air dans ma tête. Et puis, brusquement, j'eus la sensation de me retrouver enfin avec moi-même. Certes, ce n'était qu'une impression, mais au moins, désormais, j'étais maître de mon destin, seul responsable de mes actes.

Immédiatement, je rétablis mes rapports avec le petit. Ma voix était ferme, tranchante :

– Je te défends de douter de moi comme de

m'insulter. Tu es mon fils et tu me dois le respect. Demain, nous irons voir Ang Chumbi et nous le confondrons. Cet homme n'a cessé de vous mentir. Il a trahi ta mère en confisquant les lettres qu'elle m'adressait. Il a entretenu l'équivoque en toi !

Pour une fois, le petit resta interdit. Je devais en profiter pour me renseigner, car je ne savais toujours pas qui était Ang Chumbi, ni pourquoi ce Sherpa maîtrisait aussi bien le français.

Élevant le ton, je repris l'injure proférée par Khami :

– Où est-il ce yak puant ? Que fait-il à présent ?

Le gosse reprit son sourire de Petit Prince himalayen. Mon insulte l'amusait. Il dit :

– La dernière fois que tu as vu Ang, il était encore guide de montagne. Des alpinistes français l'avaient fait venir à Paris. On dit qu'il s'y est marié. Et puis, un jour, il a eu le mal du pays et il est revenu à Namché. Tu l'as rencontré à cette époque. Il buvait beaucoup, il crânait. C'était un ami de Maurice. Tu sais, le type de Chamonix. Après ton départ, Ang s'est mis dans la tête d'épouser Khami. Elle a refusé, alors il est monté au monastère de Tyamgboche et il s'est fait moine. Maintenant, il est lama au deval de Namché.

J'apprenais enfin qui était Ang Chumbi. Je notai surtout l'appréciable changement d'attitude d'Hima. À croire que Jean, avant de me quitter, lui avait soufflé à l'oreille que j'étais bien son père...

CHAPITRE VI

Khami

Cette nuit-là, en me couchant auprès de Khami, je lui murmurai les paroles que l'on peut lire sur les murs à prières qui bordent les chemins et les torrents. Je lui dis que je l'aimais, et que mes préoccupations n'étaient pas tant de bien lui faire l'amour que de trouver constamment en moi les moyens pratiques d'acquérir des mérites d'ordre spirituel...

J'étais à Namché depuis une huitaine de jours lorsque nous avons appris l'échec de l'expédition japonaise sur l'Everest. Le beau temps s'était brusquement transformé en un horrible temps de chien de sorte que les alpinistes avaient dû quitter le camp 4, et redescendre au camp 3. Comme les conditions climatiques ne s'arrangeaient pas, le gros de la troupe avait décidé de se refaire une santé au camp de base. Tous attendaient une meilleure occasion pour se lancer de nouveau à l'assaut du sommet.

Je remerciai la tempête et rendis grâce aux dieux, qui retardaient ainsi le retour de Kalden. À vrai dire, je ne me voyais pas encore partager Khami avec un autre homme, bien que celui-ci fût également son mari. À l'entendre, Khami n'y tenait pas davantage que moi. Nous nous étions enfin trouvés l'un et l'autre, jusqu'à éprouver le même plaisir aux mêmes moments. En vérité, l'irruption de Kalden n'était pas souhaitable. J'avais beau me répéter qu'il me faudrait bientôt lui laisser Khami une nuit sur deux, je ne pouvais me faire à cette idée. C'est que la vie à trois ne se résume pas en une simple adaptation. L'Occidental qui rêve parfois de partager sa femme avec une autre est moins sûr de vouloir la partager avec un homme. En revanche, en pays Sherpa, la polyandrie s'inscrit naturellement au quotidien. Elle n'engendre ni l'indifférence, ni la jalousie. Si j'étais à peu près sûr de ne pas rester indifférent, je n'étais pas du tout certain de contenir ma jalousie.

Au cours de notre première nuit, dès les prémices, les premiers échanges de peau, je m'étais imaginé que Khami allait forcément comparer nos morphologies, nos performances. Il n'en avait rien été, comme si Jean, encore vigilant, lui soufflait la confiance. Je n'étais ni aussi porté sur les choses de l'amour, ni aussi doué que mon frère. Si l'on ajoute l'appréhension et l'embarras à ces qualités que je ne possédais pas, on peut comprendre que je n'aie pas atteint des sommets lors de mon initiation aux rites des amours sherpanis.

Les nuits qui suivirent furent de loin plus fructueuses. Je m'étais accoutumé peu à peu aux usages de Khami, à ses manières cavalières, comme à sa délicieuse naïveté. À ses mots doux comme à ses propos paillards. Habitué aussi à son corps, à son odeur.

En fin de semaine, j'étais quasiment à mon

affaire. J'avais acquis un savoir-faire que je ne me connaissais pas. Je n'avais jamais été aussi bien avec Mathilde, ma femme. L'alchimie, la fusion des sens n'avaient pas donné d'or entre nous. Tout juste un peu d'argent. Et l'argent, à la longue, s'était transformé en plomb. Nous n'avions eu d'autre solution que de nous quitter. Passée notre envie furieuse le jour du jugement, le divorce prononcé, nous nous étions éloignés pour de bon.

Avec Khami, faire l'amour c'était comme faire la fête. Il y avait des côtés joyeux, des fous rires, des connivences, mais encore bien des instants où les corps, en s'amusant, perdaient la tête. C'était comme dans les montagnes russes, comme sur la grande roue, un mélange de cris de joie et de frayeur, de gémissements et de vertiges. Nous nous abandonnions au plaisir en dévalant de nous-mêmes ou bien nous retenions notre souffle tout en haut de la roue pour perdre l'équilibre dans la descente et nous reformer à l'arrivée. La volupté, comme le rire, venait par quintes. Et dans cette espèce de manège, cette fête foraine himalayenne, on tirait aussi sur des cibles inaccessibles ou bien on cassait des pipes, on décrochait des poissons lune, des petits lots et des gros lots. Parfois, lorsque la jouissance se mêlait aux réjouissances et que la musique du manège s'emballait en même temps que volaient les bols de tchang à travers la pièce, la mère et les sœurs de Khami entraient dans la chambre. Elles restaient là, souriantes, silencieuses, à nous couver du regard. C'est que les hommes manquaient singulièrement dans la maison. Les adolescents, les adultes étaient éparpillés loin d'ici, dans la nature, à travers le Népal.

Tensing, le petit frère de Kalden, n'échappait pas à la règle. Dès qu'ils sont en âge de se rendre utiles, les Sherpas se louent au mois ou à la saison. Appréciés pour leur calme et leur solidité, ils guident, ils organisent, ils portent, ils cuisinent, ils fraternisent. Des Sherpas de Namché Bazar, il y en avait bien sûr en Everest, là, tout proche. Mais la plupart étaient dans les lointains, vers Pokhara, Manang, l'Annapurna, le Dhaulagiri, le Langtang. D'autres encore vers Tatopani, Hurikot, Jumla, le Manaslu, l'Himalchuli. D'autres encore, un comble, conduisaient les touristes dans le Terai ! Il y faisait une chaleur à crever. Là-bas, l'éléphant remplaçait le yak. Bref, le Népal tout entier était entre les mains des hommes sherpas. Des Sherpas intelligents, rieurs, courageux. Mais des Sherpas sans réel pouvoir, sans autre fonction que d'être au service des étrangers. Bien sûr, il y avait encore des hommes à Namché, mais, entre deux treks, ils ne faisaient que passer pour saluer les leurs, tels des militaires en permission.

Une nuit, alors que nous avions passablement abusé du tchang, Hima entrouvrit notre porte. Je n'y pris garde et ne m'aperçus de sa présence que parce qu'il voulut bien se signaler. Outré d'avoir été surpris dans ma nudité par l'enfant, je me précipitai pour refermer la porte. Sa mère, croyant sans doute que j'allais frapper le petit, me sauta dessus en criant :

– Ne fais pas ça, Jean. Chez nous, on ne tape pas les enfants.

L'avertissement était tout à fait inutile, et je pris la mouche :

– Ne me prends pas pour un imbécile. Je sais qu'on ne tape pas les enfants. Je sais qu'il est interdit de laisser pleurer les nourissons. Je sais que le peuple sherpa est un peuple non violent. Je sais que vous ne tuez vous-mêmes ni le yak, ni son bâtard, le zhum, ni le poulet. Je sais que vous laissez cette tâche à quelques bouchers tibétains. Je sais pourtant que vous êtes rudement brutaux au lit. Je sais aussi que la liberté sexuelle a des limites, et qu'un fils n'a pas forcément le droit de regarder sa mère s'agiter sous une espèce de yéti blanc !

L'effet de manche n'était pas très concluant. Khami et son fils se mirent à glousser en se bourrant les côtes. Le yéti blanc ! Ils trouvaient le terme parfaitement approprié.

À la fin, plié en deux de rire, je ramenai Hima dans sa chambre. Je restai un moment avec lui, incapable de me retenir, si bien que nous avons réveillé les autres gosses, les sœurs, la mère, et la grand-mère. Tout le monde alors eut le loisir d'admirer l'anatomie du yéti blanc.

Cette nuit-là, en me recouchant auprès de Khami,

je compris que nous étions ensemble pour un long bout de sentier. En la prenant dans mes bras, je lui murmurai les paroles que l'on peut lire sur les murs à prières qui bordent les chemins et les torrents. Je lui dis que je l'aimais, et que mes préoccupations n'étaient pas tant de bien lui faire l'amour que de trouver constamment en moi les moyens pratiques d'acquérir des mérites d'ordre spirituel. L'essentiel, ajoutai-je, n'est pas d'accumuler les connaissances et les richesses, mais de garder le cœur pur et serein, de posséder la sagesse et de rester maître de soi, en toutes circonstances...

Cette nuit-là, nous sommes allés très loin dans les circonstances, très loin dans la tendresse, très loin dans les promesses. Cette nuit-là, elle m'a confié combien elle regrettait d'être née dans une famille où l'on pratiquait la polyandrie. Elle m'aurait voulu pour seul époux, peut-être même pour seul homme de sa vie.

Doucement, en m'embrassant le cou, les épaules, elle m'expliquait ce qu'était le Sodème, et combien elle aurait souhaité vivre avec moi cette demande d'accordailles. Elle l'aurait fait durer toute une éternité mais, avant de s'engager vers le Dem-Chang, les vraies fiançailles, elle serait allée voir ailleurs quel goût avait la chair des autres garçons. De même, elle m'aurait ordonné d'aller goûter la chair de quelques autres filles, ne serait-ce que pour mieux apprécier la sienne. Nous aurions célébré le Dem-

Chang avec éclat et invité les villageois et les lamas à venir boire et manger jusqu'à nos dernières vivres, nos derniers sous. Une fois la cérémonie achevée, nous aurions encore eu un répit, une sorte de temps pour réfléchir au temps. Un moment privilégié où chacun de nous aurait regardé la vie en face. La vie, mais aussi les autres filles, les autres garçons.

Après le Dem-Chang, les fiancés sont encore libres. Ils habitent toujours chez leurs parents et peuvent avoir des aventures, à condition qu'elles ne soient ni assidues, ni répétées. À ce stade, le plusieur est préférable à l'unique. Ainsi parlait Khami à mes lèvres et à l'oreille.

Elle était douce, magnifique, surprenante. Elle me rendait amoureux à mourir. Je marchais comme un seul homme, mais elle ne me faisait pas marcher. Elle me faisait plutôt rêver, elle me parlait de notre engagement définitif, du Gyen-Kutep, cette autre fête qui marque la fin des frivolités, le début des amours sérieuses :

– De ce moment où nous sommes mariés, nous sommes liés par le serment et le consentement mutuel. Nous sommes mûrs alors pour vivre l'un avec l'autre et bâtir notre maison. Nous sommes impatients de vivre notre saison chaude. Nous sommes dévorés par le désir, assaillis par toutes les images et par tous les ébats qui nous reviennent en mémoire. Le fantasme est alors comme la nourriture de nos sens. Il pousse et croît dans notre jardin secret. Il est le pourvoyeur de nos élans, quand ceux-ci s'atténuent, prisonniers des saisons froides...

Cette nuit-là, après la colère et le rire, après la tendresse et les promesses, il y eut une autre dimension, la démesure de l'illusion, celle qui nous rend aveugles et sourds, celle qui nous sublime et nous transporte. Celle qui nous fait franchir les portes et soulever les montagnes. L'amour, c'est quand l'avenir nous paraît tout à coup ramené au niveau d'une passion. C'est quand la passion nous paraît tout à coup élargie à la dimension de l'avenir.

Je nourrissais la mienne à la lecture des cahiers de Jean. Cheville cassée, à peine arrivé, il écrivait déjà, séduit par cette petite Sherpani qui lui donnait l'hospitalité :

Khami ressemble-t-elle aux montagnes qui l'entourent ? À voir, elles sont engageantes, attirantes. Leur majesté nous invite au respect, au recueillement, à la contemplation. Leur souveraineté, leur magnificence, cette façon qu'elles ont de nous regarder de haut peut aussi nous inviter à les violer. Grimper la montagne, la marteler de nos pas, la frapper de nos piolets, la meurtrir de nos crampons. Et pour finir, la déflorer en agonisant au sommet, n'est-ce pas le plus excitant des coïts ? Sous ses apparences majestueuses, la montagne est une allumeuse, une sensuelle refoulée que chaque alpiniste rêve d'assouvir. Comment vais-je aborder cette jeune fille sherpani ? Harnaché de tous mes cordages, de tout un matériel, de toutes mes certitudes ? Ou bien alors dois-je me débarrasser de tout ce que je possède pour l'affronter nu, innocent, naïf, incapable ? Khami est-elle cette montagne inaccessible dont nul n'a encore ouvert la voie ? Et par quelle voie, par quelle face pourrais-je m'y engager ? Est-ce que je ne risque pas de chuter dans une crevasse ? De rester sur le flanc, carcasse gelée, enneigée, impuissant, gémissant, jusqu'à ce que mon sang tourne au marbre ? La déveine ! Est-ce que Khami, sous cette apparence de bloc, de rocher, de perrier, ne cache pas quelque brasier, quelque lave brûlante ? N'attend-elle pas que l'on vienne la déblayer, la débarrasser de ses congères ? Ne devrais-je pas, comme un chasse-neige, l'éclabousser de mon métal ? Son indifférence m'affole. Mille fois par jour, son sourire m'assassine et me ressuscite. Mille fois par jour, son regard promet et refuse, donne et reprend. Moi, le bourreau des cœurs, le Don Juan des chaumières, me voici maintenant transformé en bureau des pleurs, condamné au silence et à la mendicité par cette fille des montagnes. Elle est mon échec, mon mal, ma désolation. Elle est mon bourreau, mon bûcher. Elle me réduit en cendres. Ce soir, peut-être, et si ma cheville me le permet, j'irai me traîner à ses pieds. J'irai lui dire que je l'aime. Lui dire combien la montagne est belle lorsque nous la regardons ensemble. Lui dire que sa beauté est comme un hymne à l'Himalaya. Lui dire tout cela sans l'aide d'Ang Chumbi me paraît bien impossible. Alors, j'irai de mes seules forces, de mes seuls mots, j'irai, sans rien lui dire...

Vint le jour où Khami proposa d'aller au temple pour y rencontrer Ang Chumbi. Il me trouva changé. Plus mature, moins nature. Normal, j'avais onze ans de plus. Lui, il devait avoir cinquante ou cinquante-cinq ans. Il portait des lunettes rondes, cerclées de fer, de ces montures communes à tous les hommes de religion, chez le curé de campagne comme chez le Dalaï-Lama, chez les frères trappistes comme chez les bonzes de Rangoon.

Vêtu de la chumba mauve foncé qui sied aux lamas, et chaussé d'une simple paire de sandales en plastique, Ang Chumbi nous reçut dans une petite pièce sombre attenant à la salle des cultes. D'où nous étions, nous pouvions voir moines et moinillons qui avançaient vers l'autel en se prosternant à chaque pas. Tous ponctuaient leur mouvement rituel du fameux « *Om Mani Padme Hum* », cette psalmodie qui invite chacun de nous à atteindre un niveau de conscience aussi lumineux que celui du joyau dans le lotus. D'autres prêtres, des vieillards à la peau aussi parcheminée que la reliure de leurs mantras, soufflaient dans de longues trompes télescopiques, exhalant des sonorités caverneuses. D'autres encore crachaient leurs poumons dans des conques marines, rehaussées de plaques d'argent finement ciselé. Les dieux, les divinités se régalaient de cette musique pourtant bien plus terrestre que céleste.

La gompa de Namché n'était qu'un simple monastère comparée à celle de Tyamgboche, mais la ferveur qui s'en dégageait était tout aussi impressionnante. Peut-être les objets de culte, les tibias, les crânes humains sertis de corail et de turquoises n'avaient-ils pas tout à fait la patine des siècles. Peut-être les tankhas et les mandalas, les monstres grimaçants comme les bouddhas au sourire d'ange, sentaient-ils un peu trop le neuf. Pourtant, toutes les figures de ce panthéon tantrique dispensaient généreusement sérénité, terreur et compassion.

En m'apercevant, Ang Chumbi porta la main à son collier de prières. Il s'y raccrocha quelques secondes, comme pour se protéger, à croire que j'étais la réincarnation du démon de Jean. Il se reprit assez vite en me flattant, mais le regard de Khami lui apprit qu'il faisait fausse route. Nous étions là pour nous instruire de la vérité, non pour nous complimenter. C'est alors qu'il nous poussa dans cette antichambre obscure car la vérité est bien plus facile à dire dans le noir qu'en pleine lumière. Et Chumbi, le lama Chumbi, le sage Chumbi, le lettré Chumbi, le clairvoyant Chumbi, le rimpoché Chumbi nous raconta comment il avait expurgé de lui-même le Chumbi mauvais, le Chumbi voyou, le Chumbi ancien, le Chumbi parisien, le Chumbi envieux et snob. Il nous avoua avoir détruit les lettres de Khami par dépit amoureux. Il fit de ce Chumbi qui l'avait habité une description sans complaisance. Plus que cela, il nous révéla même ce que nous ne lui demandions pas. Et cette confidence soudaine me mit dans un extrême embarras. Me prenant à témoin, il me lança :

– Je croyais bien faire, et je t'ai fait du mal. Si tu n'as jamais eu de nouvelles de Khami, tu as au moins reçu la lettre dans laquelle je te disais qu'elle était devenue ma femme, et qu'elle avait oublié jusqu'à ton nom. Je te disais encore que tu n'étais plus qu'un fantôme, un zombi de papier.

« Vois-tu, mon frère, je m'en suis tant voulu de t'avoir menti, tant voulu de vous avoir séparés que je n'ai eu de cesse que de réparer. Mais comment réparer l'irréparable, si on ne change pas soi-même ? Un moment, je suis parti méditer dans une grotte, nichée au flanc de la montagne sacrée. J'ai fait l'ermite, j'ai eu faim et froid, mais je n'ai pas trouvé la paix intérieure. C'est alors qu'un lama m'a délogé sans ménagement. Je le vois encore me dominer de sa haute stature pour m'avertir : "Comment veux-tu trouver la paix et chasser de toi le remords, si tu n'as pas l'enseignement ?" » Ce n'était autre que le grand lama Kiri de Khumjung, réincarné en la personne du lama Lhapka de la Kompa de Tyamgboche. Voilà comment, mon frère, un matin d'hiver, vêtu seulement de ma chumba toute effilochée, je suis arrivé au monastère. J'y suis resté six années. Il m'aura fallu tout ce temps, toutes ces études, toute cette longue patience pour acquérir l'enseignement et ressentir enfin la quiétude. Vois-tu, lorsque j'ai su que le supérieur du temple de Namché se mourait, j'ai demandé que l'on me nomme ici, à ses côtés. À peine avais-je obtenu cette charge que je suis allé me présenter à Khami. Son premier mari, Passang, n'était déjà plus de ce monde, ou du moins n'y était-il plus dans sa forme charnelle. À Passang avait succédé Kalden. Le petit

Hima allait alors sur ses six ans. Il était la lumière, l'œil du monde, le Fils de l'Himalaya.

Ang Chumbi se tut un bref instant. Il regarda Hima et sa mère comme pour demander pardon. L'un et l'autre écoutaient sans broncher, mais on devinait qu'ils étaient en grand émoi et dans tous leurs états d'âme.

Ang maîtrisait son émotion. D'une voix monocorde, presque froide, il ajouta :

– Que veux-tu, Jean, j'étais venu pour réparer, mais ils paraissaient si heureux, si unis, que je me suis rétracté. À quoi bon réveiller les blessures et raviver les sentiments ? Toutefois, il me fallait préparer le petit. Sait-on jamais, tu aurais pu revenir. Et tu es revenu ! C'est alors que j'ai proposé à Khami, dont la maison s'appelait désormais le lodge des Français, de lui apprendre la langue de ceux qu'elle recevait. En possédant cette langue, elle se libérerait du mauvais sort que je lui avais fomenté jadis. Oui, je m'étais dit qu'elle te ferait peut-être porter un message par quelque guide, quelque voyageur. Je m'étais dit qu'Hima, un jour ou l'autre, entendrait parler de toi et qu'il aurait la curiosité de te lire, de t'écrire, de te voir.

Ang se tut de nouveau. Il y a eu un concert de trompes et de conques, un chœur de « *Om Mani Padme Hum* », des claquements de cymbales. C'était l'heure où l'on rallumait les lampes à beurre. L'heure où les moines se coiffaient de leurs longs chapeaux célestes pour sortir en procession. L'heure où le soleil, tout à coup, dardait ses rayons sur l'étroite fente du mur contre lequel se tenait le rimpoché Chumbi. Et celui-ci nous apparut tout heureux, comme peint aux couleurs de Bouddha, comme enveloppé dans la soie jaune de la connaissance. Il capta mon regard et poursuivit :

– Vois-tu, Jean, toutes ces années, je n'ai cessé de penser à toi. Tu me hantais, tu m'habitais. Tu faisais tellement partie de moi-même que chaque matin en me levant je me disais : « C'est pour aujourd'hui ! » En effet, si je ne pouvais réparer du côté de Khami, je pouvais en revanche réparer de ton côté. Te faire savoir au moins que tu avais un fils en pays Sherpa et que ce fils se prénommait Himalaya, comme tu l'avais souhaité. Et chaque matin, je me disais : « Allez, guru Rimpoché, un peu de courage, un peu de bonté, c'est pour aujourd'hui. » Et chaque matin, une autre voix me disait : « Méfie-toi, ce que tu crois être bonté et courage n'est peut-être que diablerie. Méfie-toi, guru Rimpoché, on ne peut réparer que ce qui est cassé car, à réparer ce qui est entier, ce qui est beau et fragile, on risque de le mettre en morceaux. » Eh bien, vois-tu, Jean, j'y ai mis le temps, mais voilà qui est fait. Il y a environ deux mois, j'ai demandé à Maurice, le guide de Chamonix, de prendre une photo de Khami et d'Hima et de te l'apporter. Pour moi, c'était davantage qu'un signe. C'était un signal. Et qui sait, en même temps, c'était ma libération. Je vois aujourd'hui que le signal a été entendu, et qu'aucune diablerie ne s'est mêlée à la bonté que je te manifeste. Soyez heureux, soyez généreux....

Nous sommes sortis du temple sans nous adresser le moindre mot. Si Hima et Khami souriaient comme à l'accoutumée en saluant quelques personnes rencontrées, moi je faisais plutôt mauvaise mine. En réalité, j'en avais pris plein la gueule. Jean avait eu la bonne idée de s'éloigner, mais, au cours de cette entrevue, il était revenu en force tarauder ma conscience. Désormais, il n'y avait plus qu'un seul menteur, qu'un seul usurpateur au pays Sherpa. Et c'était moi, Alexandre. J'eus à peine la force de me traîner jusqu'à la maison. La honte me coupait les jambes. Le moral, lui, était à zéro. Et j'essayais de me remonter le moral, pierre après pierre, comme on monte un muret, en me disant que tout était malgré tout pour le mieux, en dépit de l'imposture, quand il me fallut en rajouter sous peine de perdre ma famille.

D'un air innocent, Khami me demandait :

– Tu as donc reçu une lettre d'Ang Chumbi ? Pourquoi ne m'en as-tu rien dit ? Et qu'as-tu répondu ? Comment pouvais-tu croire que j'avais épousé cet affreux monstre ?

Pris de cours, je m'adossai au muret que j'étais en train de me construire. Que dire, que faire ? Je crus gagner un peu de temps en rétorquant :

– Ang Chumbi n'est plus un monstre. Il s'est repenti. Il mérite le respect.

– D'accord, ça n'est plus un monstre. Mais qu'as-tu pensé de moi ? Qu'as-tu pensé des Sherpanis en général ? Qu'elles étaient des chiennes ? Des bâtardes de yak et de zhum ?

Menteur pour menteur, je pris le parti de m'enfoncer encore un peu plus :

– Écoute, Khami, je n'accuse pas Ang. Je n'accuse pas la poste népalaise. Je n'accuse personne, mais je n'ai jamais reçu la moindre lettre en provenance du pays Sherpa.

Le pire, c'est qu'elle me crut. Le meilleur, c'est qu'Hima, jusqu'alors si discret, se mêla à la conversation :

– Tu sais, maman, le pays Sherpa, c'est le bout du monde. Et puis, il y a des facteurs qui volent les timbres pour les revendre. Si vous voulez mon avis, Ang n'est pas tout à fait blanc. Il a peut-être inventé cette histoire de lettre.

Je dis :

– Inventé ? Pourquoi ?

– Pour se punir. Pour se faire traiter de vieux yak puant. Tu sais, les prêtres, ils sont tous un peu timbrés !

Le petit n'arrêtait pas de me surprendre. Je demandai :

– Le jeu de mots, avec les timbres et les timbrés, c'est exprès ou c'est par hasard ?

Il se campa fièrement devant moi en déclarant :

– Hima ne fait rien par hasard et ne dit rien par hasard. Hima sait réfléchir et il sait aussi saisir la balle au bond. En français, il y a des mots qui sautent à la gorge des autres mots pour les étrangler. D'autres qui leur sautent à la queue pour se traîner derrière eux et démarrer tout à coup dans l'autre sens.

Cela me paraissait trop beau pour être formulé par un Sherpa de dix ans.

– Ça, mon gars, c'est de Jean !

– Tu parles de toi à la troisième personne maintenant ?

Je rattrapai mon étourderie :

– Et toi alors ! Hima fait çi ! Hima fait ça !

Je n'ai pas eu l'impression qu'il s'est contenté de ma réponse. Il me jeta un drôle de regard en coin. Une fois de plus, j'avais eu l'occasion de cesser ma comédie. En vérité, je ne me sentais pas capable de m'expliquer franchement. C'était à la fois trop simple et trop compliqué. Trop fou et trop sage. En outre, maintenant que je leur avais apporté ce qu'ils attendaient depuis si longtemps, j'avais une peur bleue de les décevoir. Je n'étais que le frère de Jean, et le frère de Jean n'était en rien comparable à Jean. Les décevoir ! Le terme me paraissait d'ailleurs faible eu égard à la consternation qui ne manquerait pas de suivre la confidence ! Certes, je m'étais promis pour Jean de garder le secret. Il me semblait avoir trouvé entre nous un accord sur ce point l'autre soir. Ce point ! Là encore, le terme me semblait bien faible en regard de cette situation machiavélique.

Au retour du temple, alors que nous discutions en famille dans le lodge encore inoccupé à cette heure, j'eus soudain le sentiment que j'étais le seul responsable de la machination, pour ne pas dire du complot. Le Machiavel, c'était moi. La vie mystérieuse de Jean m'avait inspiré les intentions que je lui prêtais. Jean, dans son mystère, était clair et net. C'est moi qui avais tout compliqué, tout organisé, tout réglé, tout régenté. Tout le long du chemin, et même tout le long de notre existence, j'avais soupçonné mon frère de me pousser à la faute, comme on pousse l'autre à l'eau quand il rechigne à s'y jeter lui-même. Tout le long du chemin himalayen, comme tout le long de notre existence commune, je m'étais donc jeté à l'eau pour éviter d'y être contraint. J'avais obéi à une sorte d'instinct qui me poussait à m'effacer devant Jean. À sa mort, je m'étais cru obligé de refaire surface. Alors, sans doute en avais-je trop fait. L'instinct avait pris sa revanche. En découvrant qui était Jean, je m'étais modelé sur lui. Je lui avais parlé, et il m'avait entendu. Je jubilais à l'idée d'avoir été choisi pour disperser ses cendres. De les savoir dans mon sac à dos me procurait un bonheur indescriptible. De croiser ses amis le long de la route m'avait conforté dans ma mission sacrée de frère cadet. J'avais fini par lui ressembler tout à fait. Fini par me vêtir de sa peau, par deviner son âme. En réalité, je ne m'étais jamais aussi bien senti avec lui qu'en ces jours où nous gravissions les collines népalaises ensemble, marche après marche. Il me semblait alors que nous étions faits l'un pour l'autre, et que rien désormais, pas même ma propre mort, n'aurait pu nous séparer. Si j'ai ressenti un tel bonheur à le porter, un tel plaisir à devancer ses souhaits et ses caprices de frère aîné, c'est – il me faut l'avouer maintenant – qu'il m'avait sacrément fait souffrir de son vivant. C'est qu'il m'avait complètement écarté de son chemin, au point que je n'avais eu d'autre recours que de le fuir et de me réfugier dans une sorte de paresseuse fierté.

Il y avait tout juste une semaine que j'étais arrivé à Namché. Une semaine que j'avais ma chambre au lodge des Français. Ma chambre : un palais des découvertes. Une femme : la Princesse des avalanches, la Déesse des sommets. Un garçon : le Fils de l'Himalaya. Et même une paire de yakesses qu'Hima m'apprenait à traire. Cela, je le devais à mon frère. À mon frère et à mon mensonge. Le problème, c'est que je n'étais pas en mesure de discerner quelle était la part de mensonge que je pouvais attribuer à Jean ni quelle était celle qui me revenait en propre. Si vaste était mon indécision, si flou mon jugement, que je pris le parti de continuer à me taire. Certes, je ne faisais que reculer pour sauter de la pire des façons. Bon gré, mal gré, vaille que vaille, je m'accommodais tout de même de cette double personnalité. En tant que frère cadet du père de l'enfant, j'avais des droits sur Khami, mais aucun sur Hima.

Selon la coutume polyandre, le père est celui qui élève l'enfant sous son toit. Hima avait déjà deux pères, Passang et Kalden, les deux frères. L'un n'était plus de ce monde palpable. L'autre, pour l'heure, attaquait le Toit du Monde à la tête d'une expédition japonaise. Au pays Sherpa, l'oncle compte bien moins que le frère. On peut même dire que l'oncle n'existe pas en tant qu'oncle car, à peine le père est-il mort qu'il devient mari, en tant que frère du premier mari et endosse aussitôt le rôle du père. Tout cela me paraissait assez compliqué à démêler. Cependant, Khami me l'avait laissé entendre, le frère de Jean, à supposer qu'il eût un frère, avait des droits sur elle. Peut-être pourrais-je être alors le second mari de la femme de mon frère. Un frère qui n'avait même pas eu l'occasion de convoler en justes noces. Vrai, ce n'était pas simple à comprendre. La forme n'éclairait que le raisonnement. Et le raisonnement ne parvenait pas à prendre forme. Tout cela pour me retrouver comme le cadet de Kalden. Autrement dit, pour accéder au rôle de père et avoir la charge d'Hima, il me fallait espérer la mort de Kalden. En réalité, l'exercice paraissait si risqué et si ardu que je crus bon de ne plus y penser. Je préférais vivre ma nouvelle vie à temps complet et recevoir toutes les richesses que ma famille himalayenne m'offrait.

Hima, bien sûr, m'émerveillait. Quand il n'était

pas à l'école, je l'accompagnais aux champs. On coupait à la faucille une herbe vivace, longue et drue, que l'on faisait sécher avant de rentrer. Hima disait que j'en faisais tout un foin ! Quelquefois, en revenant des pâturages, nous ramassions les bouses de yak et de zhum dans nos dokos, ces hottes d'osier que tout bon porteur a sur le dos. Arrivés chez nous, nous empilions les bouses jusqu'à former des murs à hauteur d'homme. Elles séchaient sur place, en fumant de toutes leurs senteurs. Chaque maison de Namché faisait de même, si bien que le soir venu une envolée de saveurs se répandait sur le village.

Nous allions aussi aux bois, dans les grandes forêts de rhododendrons, pour y ramasser les branches mortes et les épaisses tiges de fleurs. Les Sherpas n'abattent les arbres que contraints et forcés. Encore demandent-ils à quelques Tibétains de prendre la hache, car celle-ci leur est, paraît-il, interdite. L'arbre est un être vivant au même titre que l'homme, le yak et l'insecte. On ne les écrase que s'ils sont jugés dangereux. On respecte l'abeille, on vénère le frelon. Quant à la guêpe, reine ou ouvrière, elle est à l'image du peuple. Tout l'été, ils butinent, ils ramassent. L'hiver, le peuple sherpa mange son miel.

Revenir des forêts de moyenne altitude, son doko chargé à bloc, n'est pas une mince affaire. Il faut non seulement monter les escaliers du ciel, ces marches taillées dans le roc des sentiers, mais encore supporter la charge avec son front. Lui faire front en quelque sorte, et passer ses deux mains sous la courroie, afin d'éviter le frottement et les écorchures.

Ces virées autour de Namché Bazar me rapprochaient considérablement d'Hima. Quelquefois, le petit me citait. Il connaissait par cœur tous les poèmes, toutes les chansons de Jean, et ne pouvait s'empêcher, sur un mot, une idée, de me les délivrer. J'avais mal de m'approprier ce qui appartenait à Jean. Là encore, je laissais faire, en me disant que l'on verrait plus tard, quand Kalden serait de retour. En attendant, force m'était d'apprécier le talent de Jean. Le comble, c'est que je ne pouvais m'exclamer sous peine d'être confondu.

Jean avait écrit une chanson pour Khami dont Hima ne comprenait pas tous les mots. Il faut dire qu'on y parlait chômage et RMI, des pratiques inconnues en pays Sherpa. En voici quelques extraits :

Avant toi, en amour,
Avant toi, tous les jours,
J'étais chômeur de longue durée
J'étais rameur d'éternité
J'étais dragueur désenchanté
J'étais rêveur de destinée

Avant toi, en amour,
Avant toi, tous les jours,

J'étais aimé au RMI
J'étais freiné dans mes envies
J'étais chômé tous les lundis
J'étais férié tous les samedis
Et fermé tous les jours aussi
Avant toi, en amour,
Avant toi, tous les jours,
J'étais traînard aux Assedic
J'étais faiblard économique
J'étais chômeur et vagabond
J'étais demandeur de passion
J'étais quémandeur d'illusions
J'étais sans autre prétention
Que celle de ton apparition

Avant toi, en amour,
Avant toi, tous les jours

Hima avait un avis sur toutes les choses, et pour chaque chose une réponse. Il avait une fraîcheur de pensée sans pareille, une exceptionnelle ouverture d'esprit. Mais Hima, comme tous les petits génies, n'était pas tolérant. Il avait pris les moines en grippe et séchait le temple. Il ne se déclarait pas contre la religion, car il se disait tout de même bouddhiste, encore qu'il me paraissait plutôt animiste. Il était contre le folklore de la religion. Contre le rituel oppressant. Contre les étoffes chatoyantes, et les grimaces des démons.

Hima croyait en Bouddha, mais pas en ses serviteurs. Il leur reprochait d'avoir bâti tout un monde d'interdits et de frayeurs autour de la parole de Dieu. D'une part il reconnaissait aux lamas le mérite de porter cette parole et de la rendre vivante à travers leur propre engagement, de l'autre, il les soupçonnait d'avoir retranscrit les discours de Dieu dans une forme trop hermétique. Lui-même n'entendait pas grand-chose aux livres saints, aux textes sacrés. Il pensait que Bouddha, tout comme Jésus, s'était adressé très simplement aux gens, et qu'ils avaient été compris aussi simplement par tout le monde. Sur ce point, je ne pouvais lui donner tort et m'étonnais qu'un enfant de dix ans puisse porter un jugement aussi pragmatique sur les choses de Dieu et de l'Église.

En vérité, et je m'en suis aperçu avec le temps, bien des familles, bien des clans sherpas pratiquent autant l'athéisme que le lamaïsme. Nombreux sont ceux qui pensent qu'il n'est pas nécessaire de se soumettre aux bizarreries des rituels imposés par le clergé pour atteindre le niveau de pureté que chacun recherche constamment avec cœur. Curieusement, les mêmes personnes pensent que, dans un pays comme le leur, où la police n'existe pas, le lama, avec ses lois et ses règles morales, fait office de gendarme. Aller au temple évite donc d'aller en prison. Le pays Sherpa est d'ailleurs dépourvu de lieux carcéraux. Celui qui a fauté purge sa peine en famille. C'est au conseil de famille, au lama, au chef du village d'évaluer cette peine et de veiller à son application. Rares, bien sûr, sont les délinquants.

Encore plus rares les récidivistes, puisque réinsertion et punition vont de pair.

Tandis que nous allions aux champs sarcler les sillons de pommes de terre, Hima m'énuméra les péchés qu'un Sherpa ne doit commettre sous aucun prétexte. Ne pas se disputer, ni avec les hommes, ni avec les femmes. Ne pas prendre ce qui appartient à un autre. Ni son outil de travail, ni son habit, ni son apparence. Ne pas rouler celui avec qui on est en affaire. Ne pas lui mentir sur la qualité et la quantité. Banir le mensonge quel qu'il soit, même s'il console momentanément la personne concernée. Ne pas faire de faux témoignage à propos de ce qu'on aurait entendu, ou vu. Ne pas accuser son prochain d'une erreur que l'on aurait soi-même commise. Ne pas tuer de créature vivante, respecter la vie de l'homme et celle de l'animal.

Comme je lui demandais comment on doit se défendre lorsqu'on est agressé, Hima me répondit :

– Contre qui voudrais-tu te défendre, puisque chez nous personne n'attaque personne ?

Incrédule, je dis :

– Là, mon garçon, il me semble que tu me peins la vie en rose ! Vous n'avez jamais eu de guerre ? Vous n'avez jamais été envahis ?

– Pourquoi voudrais-tu que l'on nous envahisse ? Que viendrait-on nous prendre ? Nous sommes un petit peuple perdu parmi les plus hautes montagnes du monde. Nous n'intéressons que des gens comme toi. Notre seule richesse, notre seule force, c'est notre sourire. Il est comme une barrière que l'on ouvre et que l'on referme. De temps en temps, il laisse passer. Parfois, il refuse. Regarde donc l'Ama Dablang. Là, devant toi ! C'est notre montagne sacrée. Nul ne doit l'escalader. Et tout le monde la respecte. Pourtant, elle n'est pas surveillée, elle n'est pas clôturée. Nos ancêtres ont dit « non » de leur plus beau sourire. Depuis, les étrangers obéissent et la contournent. Aucun d'eux n'oserait braver l'interdit des ancêtres. Les esprits veillent au sommeil des dieux. Tu vois, le sourire, c'est mieux que le canon !

Pour le taquiner, je dis :

– D'accord, c'est mieux, mais si tu possédais des canons, tu serais peut-être tenté de t'en servir ?

– Contre qui ?

– Contre de plus riches que toi, contre des vallées plus fertiles que les tiennes ?

Il se défendit :

– Jamais de la vie ! Tuer est ignoble ! Conquérir par la force l'est tout autant !

En me regardant d'un air espiègle, il ajouta :

– Je vais te dire un secret, garde-le pour toi. Nous sommes plus riches que les plus riches. Ce qui compte, ça n'est pas ce que l'on voit. Encore que ces pommes de terre auront un goût incomparable. Non, ce qui compte, c'est ce que nous avons en nous-mêmes. Et cela, notre sourire le cache...

Je l'interrompis :

– Tu veux dire que votre sourire est un masque ?

– Oui, il dissimule certaines choses, et nous protège de certaines autres.

– Je peux savoir ce qu'il dissimule ?

Il répondit du tac au tac :

– Je crois que tu es assez intelligent pour le deviner. Sinon, tu ne mérites pas d'être mon père.

Je m'étais cru malin, et j'en prenais pour mon grade. Je dis :

– Il vous protège de notre prétention ? De nos agressions ?

– D'après toi ?

Je fis diversion :

– D'après moi, il me semble que je suis digne d'être ton père, comme il me semble que tu es le fils le plus formidable du monde.

J'ajoutai en riant :

– Et si on parlait encore un peu de tes péchés ? Ne me dis pas que tu n'as jamais abattu un oiseau avec ta fronde ?

Sa franchise était nette, intacte comme la neige des sommets qui nous environnait.

– Je n'ai jamais tué un être vivant.

– Alors, pourquoi cette fronde dans ta poche ?

– Pour tirer sur les démons.

– Tu en as déjà vu ? Tu en as déjà dégommé ?

– Naturellement !

– Souvent ?

– Des tas de fois.

– Et les démons ne sont pas des êtres vivants ?

– Bien sûr que non. Les démons sont des

démons ! Ils n'ont ni loi, ni foi, ni principe. Ils apparaissent comme cela, brusquement, pour nous tenter et nous inciter à faire le mal.

Il me jeta un regard en coin, avant de poursuivre :

– Mais, tu sais, je ne tire pas que sur les démons. Je tire aussi pour le plaisir de tirer. Je tire sur les rochers, sur l'horizon, sur des cibles que je m'invente. Tu veux que je te montre ?

Il fit tourner sa fronde sans me désigner l'objectif. Le geste était impeccable, le lâcher de pierres si impressionnant et si rapide que je n'y vis que du feu. Je demandai :

– Qu'as-tu visé ?

Il s'étonna :

– Comment ça ? Mais j'ai tiré sur l'infini !

– Sur l'infini ? Mais où ça ?

– L'infini, ça ne se voit pas...

Nous nous sommes remis à sarcler sillon après sillon. Hima me devançait facilement. Il était plus habile que moi. C'était son champ, son carré de terre, comme il y en a tant d'autres dans les vallées du Khumbu et du Solu. En pays Sherpa, la pomme de terre est l'aliment de base. Petite, bosselée, elle est robuste et elle s'épanouit en altitude, comme ceux qui la cultivent.

Quand les reins me faisaient trop souffrir, je me relevais et marquais une pause. J'en profitais pour questionner le petit. Je dis le petit, mais à de rares exceptions près, j'avais plutôt l'impression de parler à un sage, à un roi. Et pas à n'importe quel sage, pas à n'importe quel roi. Lui, il me faisait souvent échec et mat. C'était un gagneur. Entre nous, les rôles étaient inversés. C'est moi qui posais les questions, moi qui faisais l'enfant. Moi qui alignais les « pourquoi ? », les « comment ? », les « qu'est-ce que c'est ? » C'était lui l'adulte, lui qui répondait, lui qui savait, lui qui enseignait.

Mine de rien, je remis la conversation sur les péchés des Sherpas. Ainsi ai-je appris que celui qui tue un chat commet un crime si abominable qu'il ne pourra jamais se racheter, quand bien même il serait capable d'allumer autant de bougies en beurre de yak que la fourrure du chat contient de poils.

Je manifestai mon étonnement :

– Et pour un chien, encourt-on le même opprobre ?

– Oui, chien et chat c'est pareil. Le Sherpa ne doit pas tuer. Le Sherpa n'est pas comme le Chinois. Au Tibet, les envahisseurs mangent les chiens et n'allument pas de lampes à beurre dans les temples. Au Tibet, les Chinois mangent aussi les lamas.

– Tu veux dire que les Chinois mangent les prêtres ?

– Ils les tuent et ils les donnent en pâture aux vautours. C'est la même chose...

Je laissai les Chinois de côté et demandai :

– Toi, tu te laisserais mourir de faim plutôt que de tuer un chat ?

Il me répondit de toute sa vaillance :

– Un Sherpa ne meure pas de faim. Un Sherpa trouvera toujours de quoi manger chez un autre Sherpa.

– D'accord, mais supposons malgré tout qu'une grande disette frappe le pays et qu'il n'y ait plus rien à se mettre sous la dent !

– Ta supposition est stupide parce que, s'il n'y a plus rien à manger pour les hommes, il n'y aura plus rien à manger pour les chats.

– Alors ?

– Alors ! Ou bien les chats n'auront plus que la peau sur le dos, ou bien ils seront déjà tous morts de faim. Tu mangerais la peau d'un chat, toi ?

Sûr de lui, content de sa trouvaille, il se redressa pour me dévisager. Me voyant perplexe, il étendit le bras vers l'Everest puis le ramena contre le versant du Gauri-sankar. L'espace ainsi désigné était considérable :

– Comment veux-tu que nous mourions de faim dans un pays où tout est sauvage, tout est violent ? Le ciel et la terre, les glaciers et les avalanches, les abîmes, les précipices. Tu sais, on mange même les expéditions, les alpinistes. Quelquefois, on s'en met plein le ventre. Et puis, là-haut, ils se conservent bien. Ils sont congelés, alors on en profite. Ceux que je préfère, c'est les Allemands. Ils ont un goût de yak.

Je dis :

– Et les Français, tu les aimes comment ?

– Les Français, eux, c'est des durs à cuire...

Tout à coup, il redevenait sérieux :

– Blague à part, il y a tout ce que l'on cultive, mais il y a aussi la feuille de l'arbre, l'écorce des troncs, les herbes sauvages, les plantes de toutes sortes. Et puis, surtout, dans l'eau des torrents, nous avons les gouttes de vie. Oh, elles ne sont pas faciles à pêcher. Encore moins faciles à repérer. Mais, quand tu réussis à en capter quelques-unes au creux de la main, alors là, tu es sauvé.

Comme je ne comprenais pas très bien le sens de la métaphore, je crus bien faire en rectifiant :

– Tu veux parler des poissons ?

Il eut une moue de dégoût :

– Pouah ! Ta question est ridicule ! Tu devrais savoir que les Sherpas ne touchent pas aux poissons.

Comme l'embarras se lisait dans mes yeux, il reprit :

– Dis, tu veux que je te montre comment on pêche l'eau de la vie ?

La proposition était inespérée, si bien que j'acquiesçai avec enthousiasme. Il ajouta :

– Tu n'as pas peur de te mouiller, au moins ?

Vexé, je me contentai d'un haussement d'épaule, une attitude de gosse....

Nous plantâmes nos sarcloirs sur-le-champ pour nous rendre en amont d'un gros ruisseau qui servait à l'irrigation des terres. Comme je peinais à monter les marches qui zigzaguaient entre les cultures,

Hima me prit par la main. Ce n'était pas forcément un signe de tendresse, mais je me sentis envahi d'un doux sentiment paternel. J'aurais suivi Hima n'importe où, tout comme j'avais suivi Jean. Cette fois, pourtant, il s'agissait d'un sentiment paisible, d'un attachement partagé. Je ne subissais plus. J'étais libre d'être moi-même, libre de penser, libre d'accepter ou de refuser.

Chemin faisant, je dégustais déjà un peu de cette eau de vie que nous allions pêcher.

Nous avons suivi le canal d'irrigation jusqu'aux écluses, faites de planches et de grosses pierres. Plus haut encore, nous avons contourné un barrage rudimentaire, et une sorte de petit lac où s'abreuvaient les yaks.

Plus nous avancions, plus le fracas du torrent nous assourdissait. Des cascades, des chutes d'eau rebondissaient contre les rochers, blocs impressionnants, arrondis par l'usure, qui luisaient comme des dos d'hippopotame.

Vint le moment où Hima s'arrêta. À cet endroit, le torrent s'élargissait et se séparait en plusieurs bras. L'eau qui bouillonnait dans les rapides venait s'échouer en grandes flaques sur les bords. Elle était limpide, cristalline, régulièrement chassée par d'autres trombes qui s'abattaient un peu plus loin en lames puissantes. Si impétueux étaient les flots, si bourdonnant le tumulte que nous devions crier pour nous entendre.

À l'exemple d'Hima, j'ôtai souliers et vêtements

avant de m'engager prudemment sur les galets glissants. Passé le premier rideau de vapeur, nous étions déjà trempés. Il nous fallait ensuite pénétrer jusqu'au ventre dans cette fournaise liquide et lutter contre le courant pour arriver enfin dans la zone calme. Encore que le calme, ici, s'apparentait plutôt à la tempête. Brûlé par le froid, comme piqué par des milliers d'aiguilles rougies au feu, je regardais faire Hima. Il plongeait et replongeait les mains dans une brèche spumeuse. Il en écartait l'écume et les bulles. Il examinait chaque poignée d'eau. Pour moi, elles se ressemblaient toutes. Lui ne semblait pas satisfait.

Comme je voyais ses lèvres bleuir, je hurlai :

– Laisse tomber, ça va comme cela, nous rentrons.

Hima laissa tomber la brèche, mais continua sa pêche ailleurs. Il fouilla d'autres cavités, d'autres trous, et s'aventura en plein milieu du courant. Là, arc-bouté, les jambes calées dans une fente de roche, il triait l'eau vive de l'eau courante comme d'autres trient l'or du sable. Les deux mains en coupe, il scrutait l'invisible, à croire qu'il recherchait la pureté absolue parmi l'absolue pureté. Tout à coup, il ferra et ramena ses mains à la bouche à toute vitesse, comme si l'eau allait s'échapper en atteignant ses lèvres. Cette fois, il avait l'or, et le bon. Il le but d'un trait.

Le sourire épanoui, les yeux étincelants, il me fit

signe de m'approcher. Il avait trouvé la source, tout un filon d'eau de la vie.

À mon tour, je bus jusqu'à plus soif, jusqu'à plus mal, jusqu'à ne plus ressentir autre chose qu'un étrange bien-être, jusqu'à m'étonner de ne plus avoir froid, de ne plus avoir peur.

Tandis que nous nous rhabillions derrière un pan de muraille qui nous protégeait du vacarme, je demandai :

– Tu viens souvent ici boire l'eau de la vie ?

– Oh non ! L'eau de la vie, c'est surtout pour les vieux et les gens malades. Moi, je ne suis venu que cinq ou six fois. Ça ne marche pas toujours. Il y a des moments où l'eau est assassinée dès qu'elle est touchée. D'autres moments où l'eau détruit aussitôt sa précieuse substance plutôt que de nous la délivrer. C'est une question de chance, de doigté. Et puis, il faut tomber au bon endroit.

– Comment reconnaître la bonne substance ? C'est quoi ?

Il s'écria :

– La substance, c'est des gouttes de vie, c'est quelques perles d'eau. On ne les voit pas, mais on les sent bouger dans le creux de la main. Elles roulent, elles sonnent, elles font même de la musique...

– Quel genre de musique ?

– Une musique comme celle des moulins à prières.

– Des grincements harmonieux ?

– Oui, c'est cela. Des grincements cristallins.

– Comment peux-tu entendre la musique de la vie au milieu d'un tel tintamarre ? Si tu ne peux apercevoir les gouttes de vie, pourquoi regardais-tu aussi attentivement tes mains ?

– C'est mon secret. Et puis, je n'entendais pas le tintamarre. Tout était silencieux. Tout était étouffé. Tout à coup, il y a eu comme un bruit de cristal. Quelque chose a chatouillé ma paume. C'était un avertissement : cela voulait dire que les perles d'eau allaient se mettre à chanter.

Là, Hima se tut quelques secondes, juste le temps de juger de son effet. Il reprit :

– C'est vrai, tu sais, mon regard ne servait pas à grand chose. Mais les yeux sont curieux, ils s'arrondissent lorqu'ils ne comprennent pas. À plus forte raison, lorsqu'ils ne voient pas. Pires encore sont les yeux lorsqu'ils entendent ce qu'ils devraient voir et ne voient pas ce qu'ils entendent.

Je risquai :

– Tu veux dire qu'un aveugle ne pourrait pas pêcher les perles de vie ?

– L'aveugle touche du bout des doigts. C'est sa façon à lui de voir. Or on ne caresse pas les perles de vie, on les capture avec ses deux mains, et on les porte à sa bouche le plus vite possible. Sinon, elles meurent aussitôt.

Hima m'épatait. Il était bien plus doué, bien plus fort que mon frère, mais j'avais parfois l'impression d'entendre la voix de Jean à travers la sienne.

– Qui t'a appris le secret de l'eau vive ? Qui t'a montré ? Qui t'a enseigné ?

– C'est Kalden.

Je m'attendais à tout, sauf à cela.

– Kalden ? Il est donc un peu sorcier ? Un peu gourou ?

– Oui, il connaît beaucoup, beaucoup de choses. Khami prétend que Kalden est la réincarnation d'un célèbre lama volant, de l'ordre des Gelugpa.

– Tu le connais ?

– Oh non, il est mort depuis des siècles !

Je demandai :

– Khami en est certaine ?

– Khami le croit, oui. C'est Ang Chumbi qui le lui a dit. Évidemment, aujourd'hui, tout ce que lui a raconté Ang ne tient plus vraiment. Il n'empêche que Kalden fait de la magie, et qu'il a des pouvoirs surnaturels.

Était-ce l'effet des gouttes de vie que je venais d'absorber ? Étrangement, Kalden m'apparut soudain comme un ami. Il y avait seulement quelques jours, je tablais sur l'accident, sur une avalanche. Je souhaitais à présent que Kalden fût immortel et je m'en voulus d'avoir eu des pensées si basses.

– Quel genre de pouvoirs possède-t-il ?

Il n'y avait aucune animosité dans ma question, néanmoins le petit se crut obligé de me rassurer :

– Il en a de toutes sortes. Il peut faire taire le tonnerre, faire tomber la foudre à l'endroit de son choix. Il peut terrasser un yak par la seule puissance de son regard. Il peut déclencher un incendie et le maîtriser aussitôt. Et pourtant, vois-tu, il n'a jamais eu le pouvoir de te faire oublier de ma mère...

Je restai stupéfait. Serein, mais stupéfait. J'eus même le sourire aux lèvres. Pas un sourire de compassion bien sûr, ni un sourire narquois. Encore moins de défi. J'eus, je crois, le sourire sherpa. Le sourire tolérant, le sourire accueillant. Le sourire qui sied aux gens apaisés comme aux gens valeureux. Et malgré tout, en cet instant privilégié, bien qu'encore tout inondé de cette eau régénérescente, je ne mis pas bas le masque. L'idée ne m'en vint pas. Ç'aurait été, je crois, ma chance de faire disparaître Jean afin d'apparaître moi-même comme Alexandre. Eh bien non, le conscient, ou l'inconscient, l'avait rejetée. Peut-être était-ce cette promesse faite à Jean dans la chambre de Khami ? Peut-être savais-je que la vérité flotterait bientôt sur Namché comme un drapeau de prières ?

Au lodge des Français, les jours s'écoulaient tranquillement. Plus exactement, j'y coulais des jours heureux et sans histoire. Enfin, sans autre histoire majeure que celle de ma double existence. Un soir, j'échappai de peu à la curiosité d'un guide grenoblois qui avait failli me confondre avec Jean. Là, j'avais nié toute parenté avec ce frère qui me poursuivait jusqu'en Himalaya. Bizarrement, la plupart des personnes qui s'étaient baladées aux quatre coins du monde avec Jean ignoraient sa mort. Il faut dire que la nouvelle n'avait pas été reprise par les médias étrangers. Seule la presse du Caire s'était cru obligée de publier une brève notice nécrologique. On y présentait Jean comme un jeune écrivain amateur de bons mots et de déserts arides. Comment les Égyptiens auraient-ils pu savoir que Jean aimait les espaces sauvages, les contrées désolées, mais qu'il aimait aussi marcher le long des autoroutes et courir comme un fou sous les lignes à haute tension ? Il s'était payé des émotions sans pareilles en suivant la perspective infinie des pilônes géants, ces dinosaures de métal qui électrocutent le ciel et électrisent la plante des pieds. Tout comme Hima qui écoute la musique des bulles de vie au creux de ses mains, Jean écoutait la musique du vent dans les câbles, un air strident et déchirant qui s'apparente au hurlement des gréements dans la tempête. Jean avait d'ailleurs échappé de peu à la foudre. La boule de feu était tombée si près de lui qu'il avait dû la renvoyer de son pied, en shootant comme dans un ballon. Du moins s'en était-il vanté au retour d'une balade du côté de Chinon. Il était arrivé à la maison les cheveux rouges encore tout dressés sur sa tête. Les cheveux, mais aussi les sourcils et tous les poils de son corps. Rien que de le voir débarquer ainsi du train, l'œil exorbité et le poil hérissé, notre mère en avait eu des frissons comme si le courant était passé à travers son propre corps. Inutile de dire qu'elle était restée survoltée un bon bout de temps.

Pour éloigner la foudre, Jean n'égalait peut-être pas Kalden. Toutefois, il ne se débrouillait pas si mal.

Afin d'éviter d'autres rencontres fâcheuses, je laissai pousser ma barbe, couleur brique et carotte. De nombreuses femmes sherpas, à commencer par Khami et ses sœurs, s'empressèrent de venir y cueillir quelques poils pour en faire des grigris ou des offrandes. Ma barbe n'enchantait pas vraiment Khami. Il n'y a pas d'hommes velus en pays Sherpa. Aussi je fus de nouveau comparé au yéti, créature à la fois mythique et bien réelle, dont toutes les femmes redoutent ou désirent l'apparition.

À la Gompa de Pangboche, voisin du monastère de Tyamgboche, les restes d'un yéti, scalp et squelette de la main, sont pieusement conservés avec ceux du lama Sanga-Dorje, la sixième incarnation du Vajra-Pani. Il y a toujours foule pour admirer du même regard les reliques du monstre et celles du saint homme.

Malgré ma barbe qui ne poussait peut-être pas aussi drue que je le souhaitais, une Suissesse qui en était à son troisième séjour au lodge crut, elle aussi, reconnaître Jean. Elle se trouvait à Namché lorsque mon frère soignait sa cheville, et n'en démordait pas. Comme elle ne cessait de me harceler, je dus la brutaliser quelque peu en la traitant de tous les noms. Finalement, je décidai d'éviter la salle commune aux heures d'affluence.

Lorsque je n'étais pas aux champs ou aux alpages,

en compagnie d'Hima, je m'enfermais dans la chambre de Khami. Elle y montait mes repas, et venait m'y retrouver après le service. Quand j'étais allongé sur le lit, elle m'y rejoignait. Lorsque je m'occupais à lire les écrits que Jean lui avait laissés et que j'étais censé me remettre en mémoire, elle me prenait carrément à bras le corps, et se roulait sur moi. Elle avait des élans, des jouissances de yakier, des manières triviales, des expressions franchement paillardes. Mais elle avait aussi des timidités de bergère, des retenues de jeune fille, des façons d'aimer si tendrement que je ne me lassais pas de la découvrir. Avec Khami, on passait sans transition de la fête foraine à la fête sherpa, des tirs de boîtes de conserve à la prière ardente, de la grosse artillerie à la vénération des esprits de la montagne. En elle, il y avait tous les rituels du bouddhisme, et toutes les formes de l'amour : les gestes pieux comme les gestes impies. On était tantôt sur le Grand Véhicule, tantôt l'un sur l'autre. Tantôt prosternés devant le chortem de Passang. Tantôt à quatre pattes, comme des yaks en rut, à meugler notre plaisir. Tantôt encore, on restait sur le dos, assouvis, et même assoupis, à compter les tours infinis et cosmiques de la Roue de l'existence.

On ne se réveillait qu'en entendant les coups frappés contre la porte, les appels des sœurs et de la mère. Alors, silencieuse, Khami se rhabillait sans me quitter des yeux. Avant de s'en aller, elle me déposait un sourire sur les lèvres. Ce sourire de

Khami, c'était un peu comme les gouttes de vie. Il avait une petite musique emballante, une pureté de perle, un goût d'eau de roche. Il était cristallin, rose comme l'innocence.

Khami partie, j'avais bien du mal à me replonger dans l'univers de Jean. Lui, il écrivait des choses qui intéressaient l'autre bout du monde. Cette chanson, par exemple, qu'Hima avait annotée de plusieurs points d'interrogation. J'avais dû lui en expliquer le sens. Pour une fois, j'avais donc tenu mon rôle d'adulte. Mais comment lui raconter le « *live* », lui parler des événements retransmis à chaud et en direct ? Il y avait bien quelques téléviseurs à Namché, mais seulement une chaîne, à certaines heures. N'empêche, Hima me comprenait. Plus que cela même, car les jours qui suivirent il se joua la vie en live.

Ah, le live, le live, le live
C'est fou ce qu'il aime le live
Le live, le live
Lui, il vit la vie en live

Quand il voit tous ces gens mourir de faim
Tous ces gens mendier leur pain
Tous ces gens qui n'ont plus de vie
Ça ne lui coupe pas l'appétit
Mais ça le pousse à faire du bien
Il fait un chèque de cinq cents francs
C'est formidable, ça le détend

Quand il voit tous ces gens que l'on torture
Tous ces crimes contre nature
Tous ces gens qu'ont plus d'maison
Victimes des inondations
Ça le rend compatissant
Il fait un chèque de quatre cents francs
C'est formidable, ça le détend

Ah, le live, le live, le live
C'est fou ce qu'il aime le live
Le live, le live
Lui, il vit la vie en live

Quand il voit tous ces gens sous les obus
Tous ces gens et tous ces chiens
Que l'on traque et que l'on tue
Pendant qu'il prend son dîner
Il se sent un peu gêné
Il fait un chèque de trois cents francs
C'est formidable, ça le détend

Quand il voit tous ces tremblements de terre
Tous ces volcans en colère
Ces cyclones, ces raz de marée
Ces exodes, ces affamés

Il se dit qu'il a de la chance
Qu'il mérite une récompense
Alors il se fait un chèque
A son nom, le gentil mec
De dix ou de vingt mille francs
C'est formidable, ça le détend

Ah, le live, le live, le live
C'est fou ce qu'il aime le live
Le live, le live
Lui, il vit la vie en live

J'avais eu plus de difficultés à expliquer la chanson qui suivait. Outre que le calendrier sherpa est différent du nôtre, Hima n'arrivait à se représenter ni la forme ni le contenu d'une boîte de nuit. En marge, il avait annoté : « Boîte de nuit = qui renferme la nuit », « conserve de nuit ». À « Minitel », il avait écrit : « appareil qui sert à accrocher les minutes les unes aux autres ». « Minitel = forcément petit ».

En lisant *Avant 2000*, je m'étais demandé à qui Jean destinait cette chanson, et pourquoi elle était si pessimiste ? Il est vrai que, en 1985, le mur de Berlin n'était pas encore tombé. Le plateau d'Albion n'était pas encore rendu aux ramasseurs de champignons.

Quoi qu'il en soit, *Avant 2000* était un texte nostalgique, l'appel d'un survivant à un disparu :

Dis, tu te souviens d'avant 2000,
Dis, tu te souviens des années 1000,
Dis, tu te souviens de notre ville
Dis, tu te souviens d'avant les bombes
Dis, tu te souviens de l'Ancien Monde
Dis, tu te souviens, c'était tranquille...

Le Fils de l'Himalaya

Il y avait des petits gars super speedés
Qu'on ne traitait plus de sales pédés
Des cigarettes pour mieux planer
Des magasins pour sex-shoper
Des magazines pour s'exciter
Des stimulants pour simuler
Des cinémas pour fantasmer
Des bois de Boulogne pour s'échanger
Des minitels pour racoler
Des 36.15 pour s'emballer

Il y avait tout ce qu'il fallait pour s'amuser
Tout ce qu'il fallait pour en user
Tout ce qu'il fallait pour abuser

Tout ce qu'il fallait pour en tâter
Tout ce qu'il fallait pour en rêver
Tout ce qu'il fallait pour éclater

Dis, tu te souviens des années 1000,
Dis, tu te souviens de notre ville
Dis, tu te souviens d'avant les bombes
Dis, tu te souviens de l'Ancien Monde
Dis, tu te souviens, c'était tranquille...

Il y avait des petits gars super speedés
Qu'on ne traitait plus de sales pédés
Des cigarettes pour mieux planer
Des voyageurs de la fumée
Des collégiens overdosés
Des sous-marins et des fusées
Des réacteurs tous fissurés

Des électeurs contaminés
Des musiques techno et reggae
Qui nous électrisaient les pieds

Il y avait tout ce qu'il fallait pour s'amuser
Tout ce qu'il fallait pour en user
Tout ce qu'il fallait pour abuser
Tout ce qu'il fallait pour en tâter
Tout ce qu'il fallait pour en rêver
Tout ce qu'il fallait pour éclater

Dis, tu te souviens des années mille,
Dis, tu te souviens de notre ville
Dis, tu te souviens d'avant les bombes
Dis, tu te souviens de l'Ancien Monde
Dis, tu te souviens, c'était tranquille...

Jean était resté trois semaines à Namché Bazar. Il avait été extrêmement prolifique. Non seulement il avait engendré un enfant, et quel enfant, mais encore avait-il rempli une dizaine de cahiers d'écolier. Khami avait eu la bonne idée de les faire relier en pure peau de yak, si bien qu'ils formaient à présent un volume de convenable épaisseur. Hima en avait hérité et les conservait dans un coffre, parmi des mantras et des tantras qui paraissaient assez anciens. Le coffre contenait aussi un dorje, sceptre de bronze guère plus large que la main d'un yakier. L'ovale d'une des deux extrémités du dorje est censé représenter la foudre, peut-être même l'éclair et le diamant. L'autre, de taille égale, exprime la lumière, la connaissance. L'ensemble, parfaitement stylisé, symbolise la domination de l'esprit sur la matière. Tout Sherpa, comme tout Tibétain, se doit de posséder son dorje. Celui-ci figure sur les autels, dans les habitations, dans les temples, mais bien des Sherpas les portent dans la poche de leur vareuse. D'autres les préfèrent en collier. Certains sont simples, d'autres ouvrages sont sertis de corail et de turquoise.

Hima ne se séparait de son dorje que pour une brève course dans Namché. Sinon, le dorje faisait partie dc toutes ses escapades. Le dorje ne regagnait son coffre qu'une fois rentré à la maison.

Dans une longue lettre adressée à ma mère, laquelle devait s'inquiéter de mon silence, je décrivais ce dorje, et bien d'autres choses sur le pays Sherpa, ainsi que mon attachement pour ce coin du monde. J'avais longuement hésité à lui parler de l'enfant de Jean. Pour finir, je fis l'impasse sur le Petit Prince. En effet, je connaissais suffisamment ma mère pour savoir qu'elle aurait sauté dans le premier avion en partance pour Katmandou. Le fils de Jean avait tout à fait le droit de rencontrer sa grand-mère, cependant, je ne tenais pas à voir la grand-mère d'Hima débarquer en pays Sherpa. Et puis, comment serait-elle venue de Lukla à Namché, sans accepter de monter dans l'un de ces monstrueux hélicoptères russes qui faisaient depuis peu la navette entre la vallée de Katmandou et l'altiport de Lukla ? De ce gros village de montagne, occupé en permanence par une armada d'alpinistes, il aurait fallu mettre ma mère en hotte ou, mieux encore, lui construire une chaise à porteur. Je la savais bien trop peureuse pour prendre un hélico, et bien trop fière pour se laisser trimballer comme une reine fainéante le long d'un sentier cahotique qui débouche parfois sur l'abîme. Pour ma tranquillité, comme pour celle du pays Sherpa tout entier, mieux valait lui taire l'enfant de Jean. Aucun dorje n'aurait été capable de dominer son esprit et de maîtriser la matière. Ma mère était douée d'une intelligence foudroyante, mais, comme toutes les personnes autoritaires, elle n'avait aucun sens de la mesure. Or, en pays Sherpa, les choses doivent rester ce qu'elles sont, conformes à l'éthique comme à l'esthétique. Nul ne pourrait améliorer un mode de vie aussi harmonieusement régi. Les hommes, les dieux s'y opposeraient.

En ce qui concerne la dispersion des cendres de Jean, je devais lui mentir. Ma mère n'aurait pas du tout apprécié le sort réservé à l'urne. Elle ne s'intéressait pas assez au football pour saisir la dérision d'une pareille aventure. J'inventai une dispersion orthodoxe, autorisée et bénie par le supérieur d'une lamasserie tibétaine. C'est en revenant de Shekhar que j'avais franchi la passe de Nanga-Pa-La à cinq mille sept cents mètres d'altitude, pour me retrouver, quelque temps plus tard, à Namché Bazar, au cœur du Khumbu. Durant le voyage, j'étais accompagné de moines et de marchands tibétains qui semblaient fuir l'occupation chinoise. L'un des marchands, dont la sœur tenait un lodge à Namché, m'avait indiqué ce petit hôtel. Je m'y étais installé pour deux ou trois jours. Et puis, peu à peu, les deux, trois jours, étaient devenus des quinze, vingt jours. J'avouai donc à ma mère mon engouement pour ce peuple, ce pays. Et, pendant que j'y étais, je lui laissai entendre qu'il y avait quelque chose de très fort entre la sœur du marchand tibétain et moi-même. Je savais qu'elle allait broder tant et plus sur ces amours disparates. Grâce à ces quelques indications, ma mère avait de quoi meubler ses insomnies. De quoi réviser son jugement sur le matheux de banlieue, ce HEM, cet Homme d'Envergure Modérée qui n'était même pas capable d'enseigner dans un lycée parisien. J'avais pris un malin plaisir à épater ma pauvre mère, si bien qu'en me relisant j'eus l'impression que ma lettre avait été écrite par Jean. Elle donnait la distance, la notion du bout du monde. Elle annonçait l'aventure. Elle délivrait juste assez de mystère pour appâter le sédentaire.

Les gouttes de vie m'avaient fait un effet yak. J'ai dit plus haut combien je coulais des jours heureux et comment s'écoulaient ces jours. En vérité, j'étais si bien entouré, si occupé à comprendre et à observer les miens que les jours passaient la main sur moi. Ils naissaient et mouraient presque aussitôt pour se réincarner en un nouveau jour. Depuis bien longtemps, plus personne à la maison ne parlait du retour de Kalden. Vint pourtant le jour où Kalden fut de retour. Et Kalden n'était pas arrivé comme tombé de la dernière neige. Kalden avait été averti, le sixième sens peut-être. Il savait qu'un étranger partageait le lit de sa femme. Naturellement, il était suffisamment fort, suffisamment sage, suffisamment averti des choses de la vie pour accepter ma présence sous son toit. C'était la règle, le jeu, la loi. J'étais le père d'Hima et, en tant que père d'Hima, j'avais des droits sur Khami. Elle seule était en mesure de m'arroger ou de me refuser ces droits.

Entre Kalden et moi, les rapports n'étaient guère égaux. Il était chez lui, dans son fief, dans sa maison, en famille. Tout lui appartenait, même le fils de Jean, puisqu'Hima avait été élevé par Passang et lui-même. Ici, rien ne m'appartenait, pas même Hima, pas même Khami. Je ne possédais que mon sac à dos et quelques affaires. Tout juste assez de roupies et de dollars pour tenir encore quelques mois en pays Sherpa. J'étais donc à la fois l'intrus et l'invité, un mari d'occasion, un père de catégorie inférieure. Le comble, c'est que Kalden me paraissait tout à fait sympathique. C'était le Sherpa type, courtois et affable, franc et prévenant. Un homme sans autre arrière-pensée que celle de bien faire et de faire du bien. Un principe moral d'une simplicité inouïe qui permet aux Sherpas d'aboutir à cet équilibre admirable entre les préoccupations de ce monde terrestre et celles du monde de l'au-delà.

À première vue, Kalden n'avait pas l'air d'un sorcier. Il était soi-disant capable de commander la foudre et de diriger à sa guise l'eau des torrents. Capable de terrasser un yak du regard, et de chasser les démons comme les mauvais esprits. Cependant, Kalden n'usait ni de ses dons, ni de ses pouvoirs. C'était un homme discret, qui n'affichait guère ses sentiments.

En arrivant de l'Everest où il avait séjourné six semaines, Kalden se contenta d'adresser une tape amicale sur l'épaule d'Hima. Khami avait eu droit au même geste, ni plus, ni moins. La poignée de mains m'était réservée, c'était un salut viril de modèle occidental.

Nous avons échangé quelques mots de politesse, aussitôt traduits par Khami. Elle nous a servi du thé salé au beurre, et le tchang à volonté.

La cérémonie ne faisait que commencer. Toute la famille, sœurs, mère, belle-mère et belles-sœurs, s'était fait un devoir de s'attabler avec nous. Et pendant que la mère de Kalden, venue de la maison voisine, le complimentait en récitant un long poème qui chantait les louanges et les dangers de la montagne, Khami lui passa la kata de bienvenue autour du cou. C'était une écharpe blanche en toile de riz, encore toute saupoudrée de tanin. Kalden remercia, puis il offrit une nouvelle tournée de tchang. Nous avons bu ainsi toute la matinée en mangeant des galettes de pommes de terre qui cuisaient à même la fonte du poêle.

Tandis que nous mangions, je cherchais davantage le regard de Khami que celui de Kalden. Elle semblait à l'aise, à croire que le retour de son mari n'altérait pas nos rapports. Chez elle, la chose allait de soi, et elle l'acceptait plutôt gaiement. Chez moi, la désinvolture n'était pas de mise, aussi m'efforçais-je de faire bonne figure. Cela n'empêchait pas Kalden de me dévisager parfois jusqu'à l'insistance. Le sachant faiseur de sorts et jeteur de sortilèges, je me disais que son regard allait me transpercer l'âme, et qu'il serait à même de me démasquer. Certes, la situation était critique mais après tout, bien que menteur et voleur, j'étais aussi amant et mari, frère, et donc presque père.

Dans cette histoire, le cœur dégustait davantage que la raison. Je m'étais cru assez costaud pour supporter l'idée du partage. Hélas, quand Kalden se leva, suivi de Khami, et que je les vis prendre le chemin de l'étage, mon sang ne fit qu'un tour. Naïf, je m'étais imaginé qu'ils attendraient le soir avant de s'éclipser. C'était ne pas compter les six semaines d'abstinence, le désir du mâle, le charme de Khami. Jamais une sieste ne me parut aussi longue, ni aussi insupportable.

Torturé par la jalousie, je fuis le lodge des Français pour l'après-midi. J'errai dans Namché comme une âme en peine. Je commençais à être connu dans le village, et bien des personnes que mon attitude inquiétait m'invitèrent à rentrer chez elles.

Nous avons porté de nombreux toasts, à l'amitié, à la montagne, à la nature, au pays, aux récoltes, à l'hiver qui s'annonçait. Je ne pouvais oublier Khami. Elle était avec moi, dans toutes les maisons, dans toutes les autres femmes, dans tous les bols de tchang, dans toutes nos conversations. Ce jour-là, j'eus la preuve que les perles d'eau de vie, ces gouttes de bonheur absolu, n'avaient aucune influence apaisante sur les sentiments amoureux. Elles exerçaient ailleurs leur pouvoir. Face aux choses de l'amour, elles restaient impuissantes. La preuve, s'il en fallait une, que le sentiment amoureux est immuable et inaltérable quand il frôle le paroxysme. Est-ce une vérité d'affirmer que seul le temps est l'ennemi de l'amour ? Que seul le temps a raison des passions et des douleurs ? Est-ce une vérité d'affirmer que l'amour ne survit pas en eau douce, qu'une mer d'huile le fait stagner en surface, qu'il flotte sur le dos, ventre en l'air, comme un poisson mort ? Est-ce donc encore une vérité de dire que la tempête est le meilleur ami de l'amour ? Vérité toujours de prétendre que l'amour s'accommodera davantage d'un radeau en perdition que d'un paquebot insubmersible ? Vérité toujours de promettre à l'amour des lames de fond et des avalanches, des abîmes et des sommets plutôt qu'une croisière tranquille ? L'amour n'est pas fait pour rester allongé dans un transat. Il s'endort, il se lasse. À la fin, il pique du nez, il termine dans une flaque d'eau. Est-ce une vérité d'affirmer qu'il faut faire couler des larmes de sang à l'amour et aiguillonner sans cesse ses flancs comme on aiguillonne le flanc des yaks pour les faire avancer dans la neige, jusqu'au ventre ? Est-ce toujours une vérité d'affirmer qu'il faut nourrir le ventre de l'amour de toutes les choses rares qu'il n'a pas encore goûtées et forcer son appétit en inventant des mets nouveaux ? Le danger, si l'on n'y prend garde, c'est quand l'amour est soudain frappé d'anorexie. On aura beau l'inviter à sa table, dans son lit, et lui offrir les habituelles gâteries, il finira par nous vomir. Nous devons taper sur l'amour, le fesser, le fouetter, lui déclarer autant d'insanités que de mots d'amour. Il ne durera qu'à ce prix. Encore faut-il pouvoir payer de sa personne, se rendre disponible, être à l'écoute, en éveil, et savoir prendre le temps de vitesse.

Ainsi pensais-je et digressais-je sur les choses de l'amour tout en absorbant de phénoménales doses de tchang. Vers la fin de l'après-midi, incapable de me déplacer, je me fis raccompagner par le maître de maison et son fils. Ils me prirent chacun sous un bras, et comme ils étaient aussi ivres que leur hôte, nous nous fîmes, là encore, prendre de vitesse par le temps. Je ne sais pas exactement ce que nous avons fabriqué en cours de route, mais les rues de Namché montaient tellement, elles étaient si raides, que j'arrivai au lodge en pleine nuit. Sans doute s'était-on arrêté pour boire encore dans quelque maison amie où l'on nous avait retenus. Peut-être m'étais-je endormi sur une banquette, au coin de feu. Quoi qu'il en soit, l'air vif aidant, je me sentis revigoré, si bien que j'insistai pour effectuer seul les quelques centaines de mètres qu'il me restait à parcourir. Pour une cuite, elle était de taille. Néanmoins, ayant cuvé mon tchang ailleurs, je retrouvai mes esprits.

À l'exception d'Hima qui m'attendait, toute la maisonnée était déjà couchée. J'eus un pincement au cœur en imaginant Khami dans les bras de Kalden. Et cet accès de tristesse, ce trouble fugitif n'échappa pas à Hima.

Curieusement, le petit bonhomme était sur le point de sortir. Il avait déjà revêtu son long manteau en poils de yak, et terminait d'ajuster sa toque de fourrure aux longs rabats. On ne distinguait du visage que les yeux en amandes et le bout du nez, mais on le devinait rieur.

Comme je m'apprêtais à quitter mon duvet, il me dit :

– Ne te déshabille pas, je t'emmène voir la lune.

C'était de l'inédit, tout ce qu'il fallait à l'amour. Je l'aimais déjà si fort que je me serais contenté d'une simple conversation à l'intérieur.

Je dis :

– Tu dois te tromper, j'arrive de dehors et je n'ai pas vu le moindre croissant de lune !

La réplique ne se fit pas attendre :

– C'est normal, tu n'y connais rien en lune ! Moi, je vais t'apprendre à la débusquer.

Je risquai :

– Et tu as l'intention de m'emmener loin ?

– Oui, très loin. Et tu ferais bien de préparer tes affaires !

– Préparer mes affaires ?

– Parfaitement. J'ai sorti ce que tu avais dans la chambre. Regarde, tout est là, ton sac à dos, tes souliers, ton portefeuille, ton passeport.

Effectivement, tout ce que je possédais m'attendait, rangé sur une table. Il y avait ajouté des galettes, des fruits secs, de la viande séchée, et même des sachets de farine. Je restais muet. Devant mon étonnement, il dit :

– Tu sais, Jean, on ne te met pas à la porte, mais comme l'hiver arrive plus vite que prévu...

Je le coupai en bafouillant :

– Qu'est-ce que l'hiver vient faire là-dedans ?

– Eh bien, avant que n'arrive l'hiver, il nous faut descendre les troupeaux dans les pâturages de basse altitude. Alors, j'ai pensé que si tu venais avec moi, ce serait bien pour nous deux. On resterait trois mois dans les yersas.

Complètement sonné, je répétai :

– Trois mois dans les yersas ! Tu veux dire sous la hutte, comme des bergers ?

– Oui, tous les deux, comme des yakiers.

– Et qu'en pense Khami ?

– Khami n'en pense rien. Elle ne le sait pas encore. Je lui ai laissé un mot...

– Hein ? Tu pars pour trois mois et tu ne préviens même pas ta mère ? Mais c'est de la folie ! Tu n'as que dix ans, Hima !

Il ôta sa toque d'un geste vif, comme pour mieux me braver.

Le visage grave, il lança :

– Hima n'a peut-être que dix ans, mais Hima sait que tu vas te disputer avec Kalden. Hima sait que tu n'es pas heureux. Hima sait que Kalden va repartir bientôt en expédition. Hima sait que Khami viendra nous rejoindre dans les yersas. Hima sait beaucoup d'autres choses sur toi, sur les autres, sur la lune et les étoiles...

Je ne savais comment le prendre. Qu'est-ce qu'il savait ? Qu'est-ce qu'il voulait ? N'était-ce pas plutôt un stratagème imaginé par Khami pour m'éloigner de la maison ? Le petit se montrait catégorique : Khami et Kalden n'y étaient pour rien. C'est lui, Hima, et Hima seul qui prenait la décision de descendre les jeunes yaks dans les yersas.

Nous avons débattu assez longuement de la question, et il me tenait tête. Il faut dire qu'avec cette cuite ma tête n'était pas au mieux de sa forme. À bout d'arguments, je dis :

– Écoute, Hima, on n'est quand même pas obligés de partir en pleine nuit. On peut peut-être attendre demain matin et demander l'avis de Kalden. Après tout, les bêtes lui appartiennent !

Il n'était pas content :

– Pas du tout ! Les yaks et les moutons sont à moi. Et les yersas également. Le père de Khami m'en a fait cadeau avant de mourir. Eh bien lui, mon grand-père, il descendait les bêtes début octobre !

– Ne me dis pas qu'il les emmenait en pleine nuit ?

– Si, justement ! La nuit, les troupeaux ont peur des démons et des esprits. Alors, ils ne s'éloignent pas du sentier, c'est plus facile...

Comme mon crâne me faisait de plus en plus mal, et que le reste n'allait guère mieux, j'essayai de le faire revenir sur sa décision :

– J'en ai assez, Hima, tu as toujours raison. Tu sais toujours tout sur tout. Tu te considères comme plus fort et plus malin que tout le monde !

Il me coupa en plein élan :

– Mais je suis plus malin que tout le monde !

Je repris sur un ton autoritaire :

– C'est ça, continue, mon garçon. Tu es aussi le gosse le plus insupportable, le plus têtu, le plus vaniteux que je connaisse. Alors, je te le dis une bonne fois pour toutes, je ne prends pas la responsabilité de te suivre à cette heure de la nuit. Et je ne partirai pas d'ici sans obtenir le feu vert de Khami.

– C'est quoi, un feu vert ?

Sa question provoqua mon fou rire. Je m'attendais à sa colère, à une réplique appropriée. Eh bien non, une fois de plus Hima me désarmait. Il faut avouer que je l'avais bien cherché. La métaphore, si efficace dans les grandes villes, tombait ici à plat. Il est impossible de concevoir un feu tricolore ou un sens interdit dans les rues de Namché Bazar. Des milliers d'années vont sans doute s'écouler avant que n'arrive en pays Sherpa la première automobile portée à dos d'homme.

Finalement, Hima accepta de remettre notre départ au lendemain matin. Comme je ne savais plus où coucher maintenant que Kalden occupait le lit de Khami, le petit me prit avec lui dans sa chambre. Prévoyante, Khami m'y avait installé une banquette. Le dernier-né et d'autres gosses de la maisonnée dormaient les uns contre les autres. Dans une pièce attenante, les mères écrasaient leurs rêves en respirant bruyamment. Moi, si près, et si loin de Khami, je ne fermai pas l'œil de la nuit...

CHAPITRE VII

Les yersas

En vérité, j'étais si bien entouré, si occupé à comprendre et à observer l'enfant que les jours passaient la main sur moi. Ils naissaient et mouraient presque aussitôt pour se réincarner en un nouveau jour.

J'étais dans les yersas depuis une quinzaine de jours quand j'appris par un voisin de hutte l'arrivée prochaine de Khami. En raison d'importantes chutes de neige, lui-même avait eu les pires difficultés à quitter Namché, aussi ne se risqua-t-il pas à pronostiquer une date exacte.

Je vivais déjà dans une sorte de paradis terrestre, tant la nature était douce et harmonieuse mais, cette fois, rassuré par la bonne nouvelle, j'accédais quasiment au devachen, le paradis sherpa.

Si la nature nous dispensait les bienfaits de son souffle tiède, en revanche elle n'influait guère sur notre mode de vie, plus proche du dénuement et de la frugalité que de l'exubérance et de la prodigalité. Il y avait beaucoup plus de richesses chez les Sherpas du Solu que chez ceux de Kumbu. À Paphlu, par exemple, bien des maisons possédaient leur temple privé, leur jardin de méditation. Les hommes étaient plus en chair, les filles plus arrondies. On remarquait tout de suite les gens du haut pays, ceux qui, comme nous, avaient les joues creuses, et portaient des habits rapiécés. De toute façon, nous n'allions à Paphlu que pour nous approvisionner en riz et en tabac. Nous passions la majeure partie de notre temps au milieu des troupeaux. Les bêtes, je crois, nous reconnaissaient quelque suprématie sur elles.

Nous avions mis un peu plus de quatre jours pour nous rendre dans les bas alpages, où bien des yakiers et des bergers nous avaient précédés. Les troupeaux se comptaient par dizaines, et les bêtes par plusieurs centaines. Des jeunes yaks, buffles et zhumetts. Nombreux étaient les moutons et les chèvres qui se partageaient l'herbe des collines, et le feuillage des arbres. D'autant plus difficile pour elles était d'atteindre la tendre feuille du rhododendron, tant les troncs s'élevaient, immenses, comme les plus hauts chênes.

En quatre jours, nous étions donc passés d'un froid presque arctique à ce climat presque tempéré qui donnait à la végétation une allure de flore subtropicale. J'avais retrouvé avec bonheur l'ombre bienfaitrice du banyan qui trempe ses racines dans le ciel comme dans la terre. C'est sous l'un de ces arbres monumentaux, et pourtant si aériens, que Bouddha reçut l'Illumination. Et qu'aurait été cette inspiration, ce souffle divin, si Bouddha avait eu Hima pour compagnon ?

Au cours du voyage, tantôt derrière les bêtes

comme un chien de berger, tantôt derrière moi comme un fils modèle, il n'avait cessé de les remettre dans le droit chemin, et de m'apprendre des choses. Ainsi m'avait-il enseigné à marcher au soleil quand l'astre est caché. À me diriger grâce aux points cardinaux, à me repérer aux étoiles, à la lune, aux constellations. C'était selon la forme et l'épaisseur des nuages. Selon les vents et leurs forces, selon les reflets du ciel dans les yeux. Selon que les yaks balançaient la queue de gauche à droite ou de droite à gauche. Selon que les brebis bêlaient aigu ou grave. Mais il y avait aussi une manière de laisser tomber une feuille. Selon qu'elle tombait d'une traite ou qu'elle planait, on pouvait prévoir le temps du lendemain.

L'important était de trouver le nord et de ne point le perdre. Une fois le nord avec nous, on en faisait ce qu'on voulait. On le suivait, ou on lui tournait le dos. Ou bien nous prenions l'ouest, ou l'est. Hima était comme Jean. Il détestait emprunter les sentiers battus. Il mettait un point d'honneur à ouvrir lui-même sa voie.

Jean utilisait la boussole, le compas, les cartes. Hima, lui, utilisait son savoir, son instinct, et toute une panoplie de vieilles recettes qui se révélaient très efficaces. Avec le nord en ligne de mire, tout devenait facile. Nous mettions le cap sur le sommet d'une colline, ou sur un tout autre point. Arrivés sur le point, nous refaisions le cap, et ainsi de suite.

On s'arrêtait quelques heures dans la journée

pour laisser souffler le troupeau, le nourrir, l'abreuver. Parfois, nous passions les rivières à gué, en encordant le bétail, pour éviter qu'il ne soit entraîné par le courant. D'autres fois, lorsque les flots étaient trop tumultueux, nous étions obligés d'emprunter les frêles passerelles qui enjambaient les torrents. Pour faciliter l'entreprise, nous avions recours aux aînés : un vieux yak, une brebis âgée, des habitués du parcours, des casse-cou sans peur et sans reproche que nous faisions passer en premier. Généralement, le reste fonçait tête baissée, en équilibre instable. Les câbles, les cordes, les planches craquaient de partout. De temps en temps, ça lâchait, ça cassait. La patte prise, une bête s'agitait désespérément au-dessus de l'abîme. Il fallait alors se précipiter vers elle, et la chloroformer avant qu'elle ne panique davantage. Le produit était dérivé d'un mélange de substances locales. En moins de deux, la zhumett s'affaissait. Nous lui passions aussitôt un harnais sous le poitrail et tirions de toutes nos forces pour dégager la passerelle.

Il y avait toujours deux ou trois hommes de main placés aux points stratégiques, que nous récompensions d'une cigarette, ou d'un gobelet de tchang. Bien sûr, lorsque l'on endormait une bête, nous devions attendre qu'elle revienne à elle. Cela demandait du temps et de la patience. Une fois réveillé, l'animal essayait de reprendre pied, mais ce n'était pas gagné pour autant. Il flageolait des jambes et gardait la tête basse. Certes, on s'embarrassait moins avec un mouton qu'avec un yak. Lorsque le bêlant était coinçé, on le dégageait. Lorsqu'il était blessé, qu'il boîtait, on le prenait carrément sur le dos.

Hima n'avait pas son pareil pour panser et confectionner une attelle. Il arrivait aussi qu'une bête soit prise de fatigue, victime d'un coup de pompe, de crampes, de crise nerveuse. Hima lui enfonçait alors son bâton dans le cul. Un court manche de pioche qu'il gardait spécialement à cet usage. Et quand le bâton magique ne suffisait pas à la remettre d'aplomb, il allumait une cigarette et lui soufflait de profondes goulées de fumée dans les narines. La conjugaison des deux pratiques était d'un effet radical. Comme je lui demandais si ce remède sherpa était également conseillé pour les humains, il s'en était offusqué :

– Toucher le cul d'un homme est un péché. L'homme se soigne par la bouche, pas par le derrière !

À Namché, comme dans les yersas, il y avait effectivement des chamans herboristes, moitié sorciers, moitié savants, qui traitaient au mieux les infections banales. Pour les plus graves, comme la tuberculose ou le cancer, les chances de guérison étaient plus aléatoires. Le mal était plus difficile à chasser. Il fallait le concours des dieux, et celui des plantes. Les dieux, parfois en manque de grâce, assuraient un miracle. Mais, pour guérir de la tuberculose, les Sherpas faisaient davantage confiance aux antibiotiques des himalayistes qu'aux aimables divinités.

Sur le chemin des pâturages, nous avions sauvé un très vieil homme qui se mourait de faim. C'était un gaîné, un mendiant, d'une maigreur effrayante. Presque aveugle, le pauvre s'était trompé de chemin. Il gisait là, le long d'un sentier que les paysans n'empruntent que l'été. Il n'y avait qu'un petit génie comme Hima pour fréquenter un tel endroit. Pour tout vêtement, le vieux n'était couvert que d'une longue chemise de coton. Pour tout bagage, il ne possédait que son instrument à produire des sons, une saranghi aux cordes rafistolées. Dès qu'il fut en état de se relever, après avoir bu et mangé, le vieux s'était mis à sautiller au rythme de la mélodie grinçante, pour retomber presque aussitôt inanimé. Je l'avais chargé sur mon dos et trimballé ainsi, vaille que vaille, jusqu'aux yersas. Il ne devait pas peser plus de trente-cinq kilos, mais j'en avais tout de même eu plein les bottes. C'était un Kirantis, peut-être un Raïs, ou un Limbus de la vallée de Katmandou que des trekkeurs suisses avaient engagé pour marcher en musique. Lassés par la monotonie des refrains, les Suisses avaient abandonné le bonhomme à son sort. Depuis, il traînait, il errait de colline en colline sans rencontrer âme qui vive. Si notre chemin n'avait pas croisé le sien, le Kirantis aurait rendu l'âme. Maintenant, il jouait pour nous des airs nostalgiques du folklore népalais. Intarissable était son répertoire. Il était de toutes les cultures, de tous les âges, de toutes les régions. Ainsi prenait-on plaisir à entendre des chansons newars et magars, tamangs et gurungs, raïs et tharus. Seules lui manquaient les complaintes sherpas, ce qui prouvait, s'il en était besoin, que nous arrivions bien au bout du monde.

Comment pourrais-je oublier mon séjour dans les yersas, avec ce fils qui prêtait sa voix d'ange au vieux gaîné ? Nous partagions tous les trois la même hutte exiguë, le même repas, les mêmes préoccupations, les mêmes instants, les mêmes silences. Et quand le musicien, aussi édenté que sa pauvre vielle, n'en pouvait plus de nous accompagner, on sortait faire le tour des troupeaux. Cela nous prenait des heures à chercher et à compter les bêtes. Et quand il en manquait une ou plusieurs, alors là venait le meilleur de la journée. Ce n'était que jeux et cavalcades, que bonheurs, que hasards heureux. Jamais un dépit, jamais de contraintes. Rien qu'une manière de vivre, rien qu'une vie sans manières. Il fallait voir Hima siffler les yakiers et les bergers. Tout un langage de vents, de modulations aiguës, stridentes. Quelque chose comme du morse. Tantôt un sifflement court, ou long, ralenti ou précipité. Tantôt la langue fendue en biseau, les lèvres en O, en U, en V. Tantôt la langue repliée sur elle-même, les lèvres entrouvertes, en cul de poule. Et quand les autres yakiers, les autres bergers, ceux d'en bas, et ceux d'en haut, nous répondaient des vallées et des sommets, c'était tout le paysage, toute la terre, le monde entier qui résonnait de stridulations et de sibilances. S'y mêlaient quelquefois le chant des oiseaux dérangés, le cri perçant des mainates affolés, le piaillement des perdrix rouges, le croassement des corbeaux et des gratte-buffles. Il fallait s'y connaître et s'y reconnaître quand le sifflement prenait des allures de pipeau. Quand il avait la sonorité de l'appeau, ou celle de la serinette. Il fallait savoir déchiffrer et interpréter. Savoir identifier la bonne intonation et se méfier des petits malins qui donnaient de faux renseignements sur la position de nos bêtes. Nombreux étaient ceux qui s'amusaient à voir courir le grand yéti blanc. Encore plus nombreux ceux qui se distrayaient de mes chutes, quand je m'affalais, emporté par mon élan. Hima n'était pas le dernier à en rire, aussi faisais-je quelquefois exprès de m'étaler, rien que pour provoquer son bonheur.

Comme je n'aurais pu lui apprendre autre chose que des structures algébriques appliquées à l'étude des relations logiques, mon attitude relevait parfois de l'illogisme. En réalité, je faisais fréquemment l'imbécile pour éviter d'être pris pour tel. Il en allait ainsi avec ma façon de tomber, comme de siffler. Incapable d'imiter Hima, je me tournais volontiers en dérision.

Il en avait été de même avec le dressage du faucon. Notre voisin de hutte possédait un magnifique rapace qu'il maniait avec des gants.

L'animal lui obéissait au geste et à l'œil. Du regard, il envoyait le faucon où bon lui semblait. En quelques séances, Hima avait réussi à dompter l'épervier, et à faire aussi bien que son maître. Mieux même, car Hima prenait l'oiseau de ses mains nues. Moi, je m'étais montré en dessous de tout. Le rapace avait pris mon poing pour une proie. Beau joueur, j'avais laissé entendre que ma maladresse était voulue. Il n'empêche qu'Hima commençait à se poser des questions sur mes réelles capacités. Je ressemblais si peu à ce Jean qu'il avait imaginé que je m'en inquiétais sérieusement. Un soir, durant la veillée, il m'avait mis à l'épreuve :

– Et si tu m'écrivais une chanson ?

J'avais aussitôt senti le péril, et répliqué :

– Et si tu me dessinais un mouton ?

– Un mouton ! Tu me prends pour le Petit Prince ?

Estomaqué, je demandai :

– Qui t'a parlé du Petit Prince ?

– C'est Ang Chumbi. Il avait le livre.

– Il avait le livre de Saint-Exupéry ?

– Oui, et je l'ai lu.

– Tu as aimé ?

– J'ai aimé le désert.

Il m'avait épié, avant d'ajouter :

– Écris-moi une chanson sur le désert.

Je m'étais senti coincé. Il insistait tellement que j'avais fini par griffonner quelques phrases. Il faut dire que mon frère tardait à venir me secourir. Heureusement, le gaîné m'avait aidé quelque peu en grattant sa vielle. Penché par-dessus mon épaule, Hima s'impatientait. J'avais dû lui expliquer qu'il y a rime et rime, comme il y a désert et désert. Je gagnais du temps, histoire de me remémorer un texte de Jean. C'était l'un de ses premiers, et j'hésitais passablement. Enfin, je m'étais lancé, comme entraîné par la mélopée du vieux mendiant.

Si je t'écris mon petit
De ce désert où je marche
À l'heure où toi tu t'arraches
De tes rêves et de ton lit
C'est que j'ai enfin compris
Que dans l'infiniment grand
On n'est pas le plus petit
Comme on n'est pas le plus grand
Dans l'infiniment petit

Depuis toujours je croyais
Que le désert était dune
Plage de sable ou de galets
Ou bien même cratère de lune
Mais je me suis aperçu
En allant souvent très loin
Et jusqu'à perte de vue
Que je voyageais pour rien
Car le désert est dans ma rue

Arrivé à ce stade, je soufflais aussi fort que notre pauvre gaîné, et je comptais bien m'arrêter là. Hélas,

Hima réclamait du désert. J'avais dû en remettre, comme cela, en vrac, des petits et des grands :

Qu'il soit Hoggar ou Tassili
Du Harrar ou de Gobi
D'Australie ou d'Arabie
De Ténéré, du Sinaï
Il suffit soudain de peu
D'un amour dit malheureux
D'un humour malencontreux
Pour se retrouver perdu
Dans l'une de ces étendues

Si je t'écris mon petit
De ce désert où je marche
À l'heure où toi tu attaches
À toute chose un nouveau prix
C'est que j'ai enfin compris
Qu'on peut traverser la vie
Autrement qu'avec envie
Et que l'envie de la vie
Est le seul désir permis

Hima avait apprécié les rimes, mais n'était pas convaincu par la philosophie qui se dégageait du poème. J'avais dû lui avouer que je ne me sentais pas en grande forme, et que je tâcherais de mieux faire une prochaine fois. Et puis, tout à coup, il m'avait apostrophé :

– C'est drôle, mais on dirait que tu n'as pas la même écriture ?

Heureusement que je m'y attendais. Je répliquai aussitôt :

– Tu sais, en dix ans, on change d'écriture, comme on change de signature.

Il était resté rêveur et n'avait pas insisté. Il était déjà tard, mais la nuit ne s'était pas arrêtée là. Hima avait forcé le vieux à composer une musique sur mes paroles. Je dus supprimer des pieds et en rajouter d'autres, suer eau et talent. Nous avions travaillé jusqu'au petit matin et, le jour s'annonçant, nous étions sortis tous les trois faire écouter ce chef-d'œuvre à une foule de yakiers. De toutes parts, de la plaine et des collines, des champs et des forêts, il y avait eu un concert de sifflets, une symphonie de bravos que les pentes renvoyaient en écho contre d'autres pentes.

Ainsi s'égrenaient les jours dans les yersas. On se baignait à la rivière tous les matins. Et quand nous avions transporté trop de pierres pour bâtir un enclos ou le consolider, on attendait le soir que le troupeau soit rassemblé, et l'on filait jusqu'à une source chaude pour se défroisser les muscles.

Il y avait toujours beaucoup de monde qui s'y décrassait au savon de chèvre, une espèce de poudre moussante faite de graisse et de cendres. C'était moins drôle que de s'arc-bouter dans un torrent au milieu des rapides, mais on pouvait y lézarder sur de larges blocs de granit. Les bergers s'y exerçaient au dessin depuis la nuit des temps, si bien que l'endroit était couvert de fresques impossibles à dater parce que sans cesse modifiées. C'était une sorte de Lascaux à ciel ouvert. Un Lascaux ouvert à toutes les inventions comme à tous les saccages et à toutes les interprétations.

Hima et moi avions commencé à classer et à répertorier les dessins et les graffitis qui nous paraissaient le plus authentiques. Curieusement, nous avions découvert des girafes, des rhinocéros, des éléphants, et même des mammouths. Il y avait aussi des représentations humaines qui n'étaient pas sans rappeler les figurines égyptiennes de la Haute Époque. Dans le même secteur, parmi d'autres alphabets anciens, y compris du grec et du latin, j'étais resté perplexe devant des caractères hébraïques. J'avais commencé à imaginer toute une légende à partir de ces animaux et de ces inscriptions, quand un passeur qui manœuvrait son bac sur la rivière en amont des sources nous donna l'explication. Il avait lui-même acheminé dans le coin toute une colonie de hippies à la fin des années soixante. Ils y étaient restés dix ans. Ils cultivaient leur riz et leur ganja, élevaient des poules et des pigeons dont ils mangeaient les œufs. Pour le reste, le passeur les ravitaillait, fournissant aussi les outils, les habits et les planches qui servaient à fabriquer les cabanes. Sédentaires, amateurs de chanvre indien et de champignons hallucinogènes, les hippies s'étaient mis à sculpter la roche, une manière de recréer un monde où la guerre ne se faisait ni à coup de bombe au napalm, ni à coup de défoliant.

Sur ces rochers, la guerre se faisait à la lance, à la massue. Peu à peu, le groupe s'était désintégré de lui-même. Il y avait eu des dissensions, des jalousies, des naissances, des morts, des épidémies. Et pas mal de folie. Au bout du compte, tout le groupe était reparti pour Katmandou.

J'avais cru au passeur bien plus qu'aux pierres, aussi étais-je resté sans illusions. L'idée qu'il y avait eu des girafes, des mammouths, des baleines, des Égyptiens et des Hébreux en Himalaya me plaisait bien. Dommage ! Au moins, la leçon n'était pas perdue pour tout le monde. J'avais eu enfin l'occasion d'en mettre plein la vue au petit. Je lui avais raconté les Hébreux et les Égyptiens. Moïse et les pharaons. Le temple de Salomon et les pyramides de Guizèh, la sortie d'Égypte, les sept plaies, la mer Rouge, le Sinaï. Tout y était passé, en vrac et dans un ordre très relatif. Là, j'avais fait mieux qu'Ang Chumbi et son Petit Prince. Le gosse avait été impressionné par l'adulte. C'était rare, et cela redorait mon blason.

Après les Hébreux, les Égyptiens, les Sumériens et les Assyriens, je m'étais attaqué aux girafes et aux éléphants, aux hippopotames et aux mammouths, aux dinosaures et aux diplodocus. Le petit n'y connaissait rien. En dehors du yéti dont tout le monde parle, et que personne ne voit, il n'y a aucune autre créature étrange et fantastique en pays Sherpa. Le yak n'impressionne que l'étranger. Pour le Sherpa, il est aussi ordinaire, aussi commun que la vache en Pays d'Auge.

La disparition des dinosaures et des diplodocus, tout comme l'apparition du sionisme en Terre promise, nous avait tenus en haleine durant des heures. Il avait fallu que je lui explique le judaïsme et l'islam, les juifs et les palestiniens, la guerre des Six Jours et l'Intifada.

À la fin du récit, entièrement pris par mon sujet, j'en étais même arrivé à parler du Hamas et du Hezbollah, des kamikazes et des frères musulmans. À la fois surexcité et révolté, j'avai failli relater l'assassinat de Jean. Il s'en était fallu d'un cheveu. En quelques mots, à cause de cette bévue, je me serais tout bonnement suicidé devant l'enfant.

Blanc comme un drapeau de prière, j'avais arrêté net mon bavardage, prétextant la fatigue. Il faut dire que nous n'avions guère dormi la nuit précédente où Hima m'avait appris à gober la lune comme on gobe un œuf.

Nous avions dû attendre qu'elle fût pleine, parfaitement ronde. Nous avions patienté jusqu'à ce qu'elle nous montre son meilleur visage. En réalité, l'attente jouait un rôle essentiel, car elle nous préparait mentalement à l'absorption totale de la lune. Pareil au verre de tchang que l'on boit d'un trait, nous devions ingérer celle-ci cul sec. Encore devait-on demeurer immobile, allongé sur le dos, et guetter son apparition de derrière la colline.

Nous nous y étions pris longtemps à l'avance

pour nous préparer au festin, pour nous vider de toutes nos impuretés, comme de toutes nos mauvaises pensées.

Silencieux, sans faire le moindre geste, nous avions rejeté de nous-mêmes toutes les fautes commises par le passé. Il s'agissait d'une introspection générale, d'une autoconfession, laquelle – et cela m'arrangeait – n'appelait pas forcément le repentir et la punition.

Ce n'était qu'une façon sherpa de se mettre à jour, et au jour. Nous ne devions, autant que possible, ni ciller, ni sourciller. L'exercice n'était pas simple et demandait une grande maîtrise de soi.

En effet, pour gober la lune, il nous fallait d'abord l'hypnotiser. Et, pour hypnotiser la lune, comme le chat hypnotise la souris, il était nécessaire de l'attraper du regard à l'instant précis où elle émergeait de la montagne. C'était l'affaire de quelques fractions de secondes. Nos yeux devaient alors se planter dans les siens, et les intimider. Cette prouesse accomplie, il ne fallait lâcher la lune pour rien au monde, mais au contraire l'attirer peu à peu vers soi jusqu'à la faire dévier de sa courbe.

Ainsi, une fois parvenue à notre hauteur, elle devait s'arrêter d'elle-même, juste au-dessus de nous.

Entre le moment où l'astre apparut de derrière la colline, et celui où il se trouva à la verticale de notre position, il s'écoula deux bonnes heures durant lesquelles on en eut plein la vue de la lune. Autrement dit, nous étions déjà imprégnés de sa lumière. Déjà aveuglés par ses couleurs. Déjà baignés dans ses profondeurs, dans ses lacs et ses océans. Déjà incendiés par le flamboyant reflet solaire qui illumine et bombarde son hémisphère visible. À ce moment, nous eûmes l'impression que la lune était à nous, et peut-être même en nous. Ce n'était plus une question de croire, ou de ne pas croire. Plutôt une question de ressources personnelles. Ou bien, faute d'énergie et d'expérience, on se faisait engloutir tout cru par elle. Ou bien on se sentait assez de ventre et d'appétit pour l'avaler tout entière et ingurgiter tout d'un coup ses cratères et ses montagnes. Cela demandait autant de courage que d'inconscience mais, une fois la décision prise, nous accédâmes à un état de conscience absolu. Il nous fallut immédiatement fermer les yeux pour retenir sous nos paupières toutes les matières immatérielles qui nous avaient irradiés jusqu'alors. Lorsque nous ne vîmes plus rien d'autre en nous que les images psychédéliques d'un kaléïdoscope géant, quand tout ne fut plus que tourbillon de configurations sans cesse déformées et reformées, alors vint le moment d'ouvrir la bouche et d'aspirer la lune. Le vertige s'engouffra soudainement dans la gorge. C'était une sorte de fluide glacial, quelque chose qui gagna aussitôt l'estomac et rayonna autour du plexus. Mais la lune n'était pas encore gobée entièrement. Nous n'avions eu qu'un avant-goût de lune, qu'une traînée de poussière de lune, qu'une poussée d'endorphine céleste.

Un peu plus tard, au sortir de cette espèce de léthargie qui nous avait envahis, ouvrant enfin les yeux, nous fûmes heureux de voir que la lune existait encore, en dehors de nous.

Hima ne s'y trompait pas. Je n'étais qu'un piètre gobeur de lune. Et comme j'émettais quelques doutes sur les vertus vivifiantes et curatives d'une semblable expérimentation, il se défendit :

– Si tu ne crois pas en ce que tu fais, ce que tu fais ne t'apportera aucun plaisir. C'est la même chose avec la lune. Si tu ne crois pas en son pouvoir, la lune passera au-dessus de toi, sans même te remarquer. De toute manière, tu ne peux pas réussir à gober la lune du premier coup. Il te faudra faire plusieurs tentatives. En un an, tu n'auras que douze occasions. Cela suffit pour t'entraîner, mais ça ne te donnera pas le pouvoir.

Je demandai :

– Et toi, à quel âge as-tu commencé ?

– Oh, chez nous, on se met à la lune juste après le sein. Ça se fait tout seul, c'est automatique.

– Tu veux dire que la lune succède au sevrage ?

– Pas du tout. Je veux dire que la lune remplace la mère. Elle continue à nourrir les bébés. Elle leur apporte la force, l'équilibre. Elle leur procure les vitamines nécessaires. Et puis, elle les surveille, elle les protège....

– Toi, tu es surveillé par la lune ?

Il s'écria :

– Oh moi, tu sais, j'ai gobé ma première lune à quatre ans ! Depuis, je me surveille tout seul.

Je ne jugeai pas utile de relever. C'était vrai, je n'avais jamais vu un gosse aussi sérieux, aussi sûr de lui. Je posai une autre question :

– Et Khami, a-t-elle aussi été élevée au lait de lune ?

Ma question le fit rire :

– Khami a été élevée avec le lait de sa mère, et après elle a eu droit au lait de yak. Chez nous, les filles sont bien plus terre à terre que ciel à ciel.

Il ajouta un jeu de mots :

– Ça ne les empêche pas d'être lunatiques.

– Tu veux dire qu'elles sont changeantes ?

– Oui, changeantes, capricieuses.

Comme je marquais la surprise, il poursuivit :

– Toi qui connais les femmes, tu devrais savoir qu'elles subissent des influences.

– Tu veux parler des influences de la lune ?

– Oui, de la lune, du temps, des saisons, des amis. Au printemps, en hiver, elles sont différentes.

Je dis :

– Voyons, Hima, mais il n'y a pas que les femmes. Nous aussi nous sommes soumis aux influences du temps et des saisons. Nous aussi, les hommes, sommes sensibles au vent, au soleil, à toutes les choses qui nous environnent. À celles qui nous procurent de la joie, comme à celles qui nous oppressent. Passer de la gaieté à la tristesse, du bavardage à la réflexion, de la pensée à l'action, hésiter, choisir, prendre parti ; tout cela, c'est le propre de l'être humain. C'est ce qui nous éloigne de la bête.

Il me regarda d'un air étonné :

– Tu te trompes, les bêtes sont proches des hommes. Regarde nos yaks, nos zhums, nos brebis, nos chèvres. Elles aussi sont sensibles au temps, aux saisons. Elles aussi sont gaies ou tristes. Elles aussi hésitent, choisissent, réagissent. Tu ne devrais pas oublier que dans chaque bête se cache un homme. Et peut-être plusieurs. Chez nous, hommes et bêtes forment une chaîne sans fin. Et chacun apporte à l'autre le meilleur de lui-même...

Nous avons engagé dans les yersas une discussion sur la métempsychose. Vaste sujet qui nous amena jusque très tard dans la nuit. La hutte en planches et papier goudron n'était sans doute pas le meilleur endroit pour traiter du problème de la réincarnation, d'autant que les ronflements du vieux mendiant couvraient nos paroles. Je préférais la sonorité de sa vielle à celle de sa gorge, néanmoins les hurlements qui en sortaient ne manquaient pas de rythme. Le bonhomme que nous avions sauvé d'une réincarnation certaine préparait sans doute la suivante. Ça n'était qu'une question de jours, peut-être d'heures. Hima ne s'en formalisait pas. Il y avait des prêtres à Paphlu, et assez de bois sec autour de nous pour dresser un bûcher. Le vieux allait partir en cendres. On ne se faisait guère de souci quant à son âme, car les enveloppes charnelles ne manquaient pas dans le coin. C'était à l'âme de choisir son yak ou son oiseau, sa brebis ou son rat, sa puce ou son pou.

Ce soir-là, j'eus les pires difficultés à trouver le sommeil. La lune et la métempsychose y étaient peut-être pour beaucoup.

Bien moins cependant que l'absence de Khami. Je m'étais mis à tourner et à retourner dans ma tête une phrase d'Hima que je ne cessais de ressasser : « Toi qui connais les femmes, tu devrais savoir qu'elles subissent des influences ! » Je m'étais demandé ce qu'il avait voulu dire. Et pourquoi il me l'avait dit. Je n'avais pas prêté attention aux propos d'Hima sur le moment. Je connaissais assez bien le petit pour savoir qu'il était doué d'une lucidité instinctive, et qu'il procédait quelquefois par intuition. Doutait-il de sa mère ? Avait-il essayé de me faire passer un message ? Et lequel ? Avait-il appris quelque secret par le voisin de hutte ? Était-il habité par une prémonition ? Khami avait-elle eu un accident ? Était-elle bloquée par des chutes de neige ? Avait-elle été avertie de mon imposture ? Autant de suppositions qui me mettaient à mal et me torturaient l'esprit. Je n'osais pas réveiller l'enfant qui dormait contre moi et je m'étais finalement assoupi en calquant ma respiration sur la sienne.

Le lendemain fut un jour de deuil. Le vieux nous avait quittés en douceur. Il avait fallu s'occuper du corps, le nettoyer, le préparer au bûcher. Tout un travail minutieux auquel j'avais participé. Un prêtre était monté de la vallée pour réciter les prières et haranguer l'âme du défunt. Elle s'était séparée du corps tandis qu'on étendait celui-ci, drapé d'un suaire, sur le tas de bois. Il y avait eu une petite traînée blanche, un léger frémissement de l'air, et j'avais pu voir l'âme prendre le chemin du ciel. On aurait dit une plume, un duvet d'oisillon. En un rien de temps, les flammes avaient failli rattraper l'âme et la brûler. Elle s'en était tirée de justesse, en virevoltant au-dessus du brasier, avant de disparaître, poussée par la fumée. Un peu plus tard, on avait entendu les os craquer. On avait eu les narines pleines d'une odeur de chair grillée, un goût âcre dans la bouche. Et puis, soudain, on avait perçu distinctement un accord de vielle. C'était la sarangui qui éclatait, l'archer qui pleurait son maître. Durant la cérémonie du feu, Hima était resté immobile, le dorje dans la main gauche. À sa manière, il avait séparé la matière de l'esprit, domestiqué la foudre et libéré la lumière. Moi, je n'avais cessé de penser à Jean. Il aurait préféré ce pauvre bûcher de planches et de branches au crématorium électrique du Caire. Un monstre d'acier et de fumée. Et puis, Jean avait à son tour disparu dans les flammes, pour me permettre de penser à Khami. J'ai su, à ce moment-là, que Khami ne viendrait pas me retrouver dans les yersas. C'était arrivé comme cela, une certitude, l'éclair soudain. J'avais eu la confirmation de mon pressentiment en lisant dans les yeux d'Hima. Mais que savait-il au juste ? L'avait-on averti de quelque événement fâcheux ? Ou bien était-il lui aussi sous le choc d'une prémonition ?

Une fois le vieux réduit en une poignée de cendres chaudes, nous sommes allés le jeter à la rivière. Il ne s'y était peut-être pas lavé depuis des années. Cette fois, l'eau avait entraîné le vieux dans un tourbillon. Il avait été happé par le courant, effacé à jamais. Désormais, les dieux allaient pouvoir attribuer ses empreintes à une autre créature humaine. Il en est ainsi dans la croyance sherpa : les morts lèguent aux vivants ce qu'ils possèdent de plus personnel. En effet, le plus pauvre d'entre les pauvres porte au bout des doigts la preuve qu'il est unique. Mais comment un réseau de sillons creusés sous l'index et le médium pourrait-il encore passer pour original – et même pour originel – si l'on totalisait les naissances humaines qui se sont succédé depuis la création du monde ? On arriverait là à une somme d'individus si phénoménale que les empreintes digitales se confondraient forcément. L'âme de chacun d'entre nous ne se tiendrait-elle pas cachée dans ces graphiques elliptiques et pourtant si éloquents, qui s'inscrivent sous la peau des doigts ? Ainsi, notre âme serait-elle confrontée à chaque toucher, à chaque caresse, à chaque bouchée, à chaque geste ? Quelques ermites himalayens méditent sur l'idée que l'homme est responsable de son âme comme il est responsable de sa main. Les deux sont inséparables. Mais, pour l'heure, les ermites sont encore dans leur grottes.

Moi, j'aurais bien offert un bout de mon âme à n'importe quel méchant pour obtenir de lui un éclaircissement sur le comportement de Khami. Hélas, il n'y avait que des gentils dans les yersas. Et les gentils n'en savaient guère plus que moi...

CHAPITRE VIII

Quand les morts parlent aux vivants

Seul parlait le sourire de Khami. Peut-être disait-il sa peine. Peut-être, au contraire, disait-il sa satisfaction. Peut-être encore m'accordait-il le pardon. Peut-être distinguait-elle alors ce qui appartenait à Jean de ce qui appartenait à son frère.

Tous les deux ou trois jours, il arrivait quelqu'un de Namché, que je pressais aussitôt de questions. Les réponses restaient évasives. Khami ? Oui, on l'avait aperçue chez un commerçant, dans un champ, devant sa porte, dans son lodge. Pas moyen d'en apprendre davantage. Il faut dire qu'Hima ne m'aidait guère et qu'il traduisait ce que bon lui semblait. À plusieurs reprises, j'avais essayé de le sonder. Chaque fois, il s'était dérobé. Parler de sa mère le gênait. Certes, il était toujours aussi attentionné, toujours aussi heureux d'être avec moi, néanmoins j'avais le sentiment que quelque chose, ou quelqu'un, s'ingéniait à fausser nos rapports.

Depuis que le vieux n'était plus de ce monde, nous disposions d'un peu plus de place dans la hutte, si bien qu'Hima occupait sa couchette. Bizarrement, ce petit rien nous éloignait. Peut-être que les chansons du vieux nous manquaient. Peut-être que Jean faisait des siennes. Peut-être qu'il regrettait d'avoir bâti ce stratagème diabolique autour de moi ? De toute façon, j'en étais persuadé, mon frère agissait de l'au-delà à la fois sur Hima et moi-même. Mieux, car à l'heure où j'écris ces lignes j'en ai l'absolue certitude, mon frère avait influencé Khami. Plus exactement, il lui avait envoyé un émissaire, une sorte de chargé d'affaires, lequel, tout à fait innocemment, s'était chargé de remettre les affaires à l'endroit.

Restons encore un peu dans les yersas, car plus les jours passaient, plus je manifestais ma volonté de retourner à Namché. Je tannais Hima afin qu'il me laisse partir un temps, mais Hima, s'il comprenait fort bien mon souci et mon désarroi, n'était pas du tout d'accord pour me lâcher tout seul, comme cela, en pleine nature. Devant son entêtement, je finis par m'échapper dans la nuit. Je croyais le petit endormi, mais il me rattrapa sans mal. Le mal, c'est moi qui le lui faisais. Le petit m'aimait toujours autant. Il m'aimait comme je l'aimais. Et les liens de parenté, je pense, comptaient moins pour lui que ceux de la complicité. Des pères, il en avait eu à revendre. Des comme moi, des fanatiques, des faux frères, il n'en existait qu'un seul. Rien n'était dit, mais tout était entendu. Nous savions, l'un comme l'autre, ce que l'un était pour l'autre, et ce que l'autre avait à faire. Alors, on continuait à faire semblant. C'est ainsi que le père et le fils se mirent en route pour Namché. Jamais je crois nous n'avions été aussi proches, aussi soudés qu'au cours de cette marche sur le haut pays.

Nous avons laissé le troupeau aux bons soins du voisin de hutte gratifié d'un bakchich royal. Fier et entier, comme tous les Sherpas, il n'accepta mon argent que pour organiser somptueusement le Dem Chang de sa fille au printemps suivant. Encore me fit-il jurer sur son dorje que j'y assisterais.

Nous ne partions que pour une semaine, mais tous les yakiers, tous les bergers du plateau et de la vallée nous accompagnèrent d'un concert de joyeux sifflements. Ils nous souhaitèrent un voyage sans histoires et beaucoup d'histoires à raconter là-haut. Là-haut, c'était les familles, les sommets sacrés, la civilisation, le monde des mondes. Et nous avons effectivement voyagé sans histoires en marchant jour et nuit.

Sans les bêtes, nous allions à toute allure, à toute flamme, à tout raccourci. Et plus je me rapprochais de Namché, plus la poitrine me cognait. Elle avait de bonnes raisons...

Nous n'étions qu'à quelques kilomètres de la ville lorsque j'aperçus au loin une Sherpani drapée dans son long manteau d'hiver. Avec elle, il y avait une autre femme, une nonne me sembla-t-il, qui titubait dans les congères. Le temps était si clair, l'air si sec que l'Ama Dablam, la Madame Blanche, comme disait Hima, écrasait les silhouettes chancelantes qui se découpaient sur le glacier. Le sentier passait en deçà, mais un effet d'optique projetait les femmes au milieu des crevasses. À l'horizon, auréolée d'une légère brume rosée, se détachait la cime de l'Everest avec sa petite fumée de nuages accrochée à elle comme l'oiseau buffle sur le dos du zébu. Et, prolongeant la masse aérienne du Sagarmatha, c'était toute la chaîne des grands sommets qui se profilait et nous écrasait : le Lhoste et le Nupse nous défiaient du haut de leurs plus de huit mille mètres. Puis, venaient le Pumori, le Kangtega, le Thamserku, les plus de six mille et de sept mille qui flirtaient à l'altitude des dieux. Le panorama était grandiose, l'image saisissante.

Nous nous sommes rapprochés à grands pas des deux femmes. Tout à coup je reconnus Khami emmitouflée dans sa large cape de feutre. Ce fut à mon tour d'être saisi. Que faisait-elle là avec cette bonzesse qui grelottait de froid dans sa robe de laine couleur lie-de-vin ? Quand je découvris qui se cachait sous ces habits de nonne, je me rendis compte que le piège s'était refermé sur moi. Je n'eus même pas le temps de réfléchir. Fallait-il mentir à nouveau, esquiver, inventer une parade ? Même pas !

Shirley se jeta dans mes bras. Elle avait devancé Khami pour me dire son malheur de m'avoir trahi. Elle était maigre à faire peur, désespérée à faire pitié. Déçue par la vie monacale, elle avait quitté Tyamgboche peu après être entrée en retraite. L'isolement était trop dur, trop éprouvant. Ellle préférait les hommes aux dieux, l'écho des montagnes à celui des cymbales de cuivre et des trompettes télescopiques. Elle avait tenu le coup jusqu'à ne plus tenir debout, jusqu'à ne plus avoir faim ni soif. Elle était restée des nuits en prières, des jours entiers à faire le vide en elle. Il n'y avait pas eu de progrès. Pas eu de sagesse. Pas eu le moindre signe annonciateur d'une délivrance prochaine.

Comme la paix intérieure refusait de prendre le chemin de son âme, la supérieure du monastère l'avait invitée à reprendre la route. C'est comme cela que l'Anglaise était arrivée à Namché. Comme cela qu'elle avait atterri au lodge des Français. Comme cela qu'elle avait sympathisé avec Khami. Comme cela qu'elles s'étaient mises, toutes les deux, à parler du même homme, d'un bonhomme aux deux prénoms. Maintenant, Shirley rentrait chez elle. C'en était fini du pays Sherpa. Fini du mysticisme et des lamasseries. Fini des sommets sacrés et des personnalités massacrées. Fini des coucheries sordides et des amours de beurre rance. Finis les égarements, les cauchemars d'Inde, les rêves de Népal. Salut les chortem ! Bye bye les gompas, les rizières, les gravats, la misère ! Au revoir les Jean, les Alexandre ! L'Anglaise s'en va de ces pays-là ! L'Anglaise s'éloigne de ces gars-là ! L'Anglaise retourne en Angleterre. L'Anglaise a bien mérité de sa terre !

Shirley et Jean m'avaient bien eu. Il faut dire que Jean n'avait rien laissé au hasard. Comme pour me récompenser, ou me punir, à moins que ce ne fût pour me libérer, Jean faisait de nouveau apparaître Shirley. Cette fois pourtant, il y mettait la manière. C'était sa façon à lui d'apaiser les passions et de soulager les consciences. Sa volonté, enfin, de nous réunir tous ensemble, autour de la vérité.

Khami, qui nous croyait encore dans les yersas, était si surprise de nous apercevoir, dressés d'un coup entre ciel et neige, qu'elle restait muette. Elle caressait les cheveux d'Hima tout en me détaillant du regard. Ses yeux ne reflétaient ni désillusion ni amertume. Ils étaient simplement curieux. Seul parlait le sourire de Khami. Peut-être disait-il sa peine. Peut-être, au contraire, disait-il sa satisfaction. Peut-être encore m'accordait-il le pardon. Peut-être n'était-ce qu'un sourire de circonstance. Un présourire. Un sourire masqué qui lui permettait de m'observer. Son sourire, ses yeux perçaient sans doute mon visage de toutes parts et le parcouraient jusque dans ses moindres détails. Peut-être distinguait-elle alors ce qui appartenait à Jean de ce qui appartenait à son frère.

J'allais m'expliquer quand deux robustes cantonniers attelés à un chasse-neige de leur fabrication s'arrêtèrent à notre hauteur. Ils dégageaient du mieux qu'ils le pouvaient le sentier qui descendait de Namché à Ghat. Ils en avaient encore pour toute la matinée à chasser et à déblayer. Khami cessa de me regarder pour s'entretenir avec eux. Elle parlait vite, en désignant l'Anglaise. Peut-être leur disait-elle que ce n'était pas une vraie nonne. Je ne savais s'ils s'en moquaient ou s'ils en avaient pitié. À un moment donné, toutefois, les hommes se mirent à rire. Et cette bonne humeur qui jaillissait, comme cela, dans le petit matin, détendit brusquement l'atmosphère. Tout me sembla à nouveau possible. Tout me parut plus simple, presque normal.

Khami ce matin-là avait accompagné l'Anglaise jusqu'à cette croisée de sentiers. Désormais, c'était aux cantonniers de prendre la relève. La nonne pouvait même monter sur leur engin et se laisser traîner. De Ghat à Lukla, le chemin était dégagé. Il y avait des porteurs, des expéditionnaires. Et deux rotations d'hélicoptère chaque jour pour Katmandou.

L'Anglaise embrassa Khami. On aurait dit deux amies d'enfance. La preuve, s'il en était besoin, que les confidences rapprochent celui qui les dévoile de celui qui les reçoit.

Sur sa lancée, Shirley se pencha sur la joue d'Hima. Le petit se recula. Il ne lui restait plus qu'à me dire au revoir. Et, comme je la sentais embarrassée, je la pris à l'écart :

– Bonne route, Shirley. Tout ira mieux pour toi. Maintenant que tu as compris la vie, il ne te reste plus qu'à demander à la vie de te comprendre.

Sérieuse, elle demanda :

– Tu ne m'en veux pas trop ?

– Pourquoi t'en voudrais-je ?

Elle reprit :

– Pardonne-moi, je ne savais pas. Et pourquoi

ne m'as-tu rien dit de l'enfant ? C'est le fils de Jean, n'est-ce pas ? Il est très beau !

Elle restait pensive, tandis que les cantonniers s'impatientaient. Puis, elle ajouta :

– Dis, tu crois vraiment que la vie nous comprend, quand on a compris la vie ? C'est réalisable ?

Elle était touchante, au bord des larmes.

– Réalisable, oui, certainement. Mais tu sais, on ne connaît des autres que ce que l'on connait de soi-même...

Elle demanda :

– La vie, elle t'a donné sa réponse ? Elle t'a montré la bonne direction ?

Je dis :

– Le plus difficile, c'est de rencontrer celui qui te montre le chemin.

– Tu veux dire un maître ?

– Un maître, oui, si tu veux. Mais encore faut-il faire le bon choix parmi tous les vrais et tous les faux maîtres.

– Comment doit-on s'y prendre ?

– Eh bien, tu tapes d'abord sur la poitrine, et ensuite tu écoutes le son. Si ça sonne creux, c'est mauvais signe...

Elle eut un petit rire :

– Tu as trouvé ton maître, toi ?

Je répondis sans hésiter :

– Mon maître, c'est le petit garçon qui est là...

Son regard alla de lui à moi, pour se fixer sur Hima. Et comme les cantonniers, las d'attendre, partaient dans un tourbillon de volutes blanches en poussant leur chasse-neige, elle les suivit.

Nous sommes restés debout dans le froid, jusqu'à ce qu'elle disparaisse. Elle se retourna plusieurs fois en agitant la main, et chaque fois nous répondîmes de la même façon à ses adieux.

Il ne nous restait plus qu'à rentrer tous les trois à la maison. Kalden y serait avec le thé au beurre salé et le tchang préparé de la veille. Chemin faisant, Hima me dit :

– Tu sais, l'Anglaise, quand tu lui tapes sur la poitrine, ça sonne creux.

J'étais stupéfait :

– Voyons, Hima, comment as-tu pu entendre d'aussi loin ce que je disais à voix basse ?

– Je n'ai pas entendu un mot de ce que tu as dit.

– Tu as deviné, alors ?

– Non, c'est quelqu'un qui m'a soufflé dans l'oreille.

– Quelqu'un ? Tu te moques de moi ?

Je demandai :

– Et qu'est-ce que j'ai dit d'autre ?

Comme il hésitait, je repris :

– Allez, j'écoute.

– Tu as dit que j'étais ton maître. Mais c'est quoi, un maître ?

Je ne jugeai pas utile de renseigner Hima. Je surpris le sourire amusé de Khami et l'interrogeai du regard. Son sourire en disait long. Il invitait à la plénitude.

On atteignit ainsi les premières maisons de Namché. La neige recouvrait les toits. De grosses pierres posées là pour retenir les planches de pins savonnées à la graisse de yak s'étaient éboulées et encombraient la ruelle. Hima, qui courait devant nous, les évitait en sautillant. Il était heureux, comme un vrai gosse. Tout à coup, il s'arrêta et m'attendit :

– Je te préviens, on ne va pas tarder à repartir pour les yersas.

Je demandai :

– Tu veux encore de moi ?

Il ne répondit pas. La question lui paraissait sans doute stupide.

Comme nous arrivions en vue du lodge, il me prit par la main. C'était un geste inhabituel et j'en fus tout ému. Je serrai très fort la petite main dans la mienne. Je ne pus m'empêcher de dire :

– Je t'aime, Hima.

– Moi aussi, je t'aime. Et puis, maintenant, je peux te l'avouer, j'ai toujours su que tu n'étais pas Jean.

La foudre m'aurait-elle frappé soudain que je n'aurais pas été aussi pétrifié. Les mots restaient dans ma gorge. Passé le choc, je réussis à demander :

– Comment le sais-tu ?

– Parce que mon père, il est mort.

Je ne pus que répéter :

– Comment le sais-tu ?

– Je le sais parce que, ici, chez nous, les morts parlent aux vivants.

J'étais complètement retourné, au bord du sanglot :

– Et ta mère, elle le savait ?

– Oh non, les morts ne parlent pas aux femmes !

– Et tu ne lui as rien dit ?

– Pour quoi faire ? C'était bien comme ça.

Je risquai :

– Les morts ont-ils aussi parlé à Kalden ?

– Bien sûr, à Kalden comme à tous les autres.

– Et Kalden n'a pas averti Khami ?

Il répéta :

– Pour quoi faire ? C'était bien comme ça.

Khami avait quelques longueurs d'avance sur nous. En arrivant devant sa porte, elle tapa ses bottes contre le mur et secoua les glaçons qui s'étaient accrochés à sa cape de feutre. Elle se retourna pour nous attendre. Elle riait. Elle était belle, à la fois tendre et farouche. Les morts ne parlaient pas à Khami. Elle préférait écouter les vivants. Ce soir, c'était à mon tour de dormir dans la chambre. C'est sûr, j'allais m'y habituer.

Comme s'il avait deviné mes pensées, Hima lança :

– Profites-en, parce que demain on redescend...

TABLE DES MATIÈRES

Composition P.C.A.
Bouguenais (L.-A.)

Impression réalisée sur CAMERON par
BRODARD ET TAUPIN
La Flèche

pour le compte des Éditions Ramsay
en mars 1997

Imprimé en France
Dépôt légal : mars 1997
N° d'impression : 6581R-5
ISBN : 2-84114-245-0
50-0787-7
RAR 787